THE PRISON
LETTERS
OF FIDEL
CASTRO

Luis Conte Agüero

Anticipo de una Biografía de Fidel Castro

Cartas del Presidio

EDITORIAL LEX • 1959 • LA HABANA

THE PRISON LETTERS OF FIDEL CASTRO

Introduction by
ANN LOUISE BARDACH

Edited by Ann Louise Bardach and Luis Conte Agüero

Epilogue by
LUIS CONTE AGÜERO

Originally published in Havana, 1959

NATION
BOOKS

Translated by
Efraim Conte
Russell Cobb
Liliana Segura
Joanne Wright

THE PRISON LETTERS OF FIDEL CASTRO

Copyright © 2007 by Ann Louise Bardach and Luis Conte Agüero

First Published in Havana in 1959
Originally published as *Cartas del Presidio* by Luis Conte Agüero © 1959
Luis Conte Agüero. Havana: Lex Editorial, 1959

Published by
Nation Books
An Imprint of Avalon Publishing Group, Inc.
245 West 17th Street, 11th Floor
New York, NY 10011

AVALON
publishing group incorporated

Nation Books is a copublishing venture of the Nation Institute and Avalon
Publishing Group, Incorporated.

Library of Congress Cataloging-in-Publication Data is available.

ISBN-13: 978-1-56025-983-1
ISBN-10: 1-56025-983-3

9 8 7 6 5 4 3 2 1

Interior design by *Ivelisse Robles Marrero*

Printed in the United States of America
Distributed by Publishers Group West

Contents

Contenidos

Introduction

by Ann Louise Bardach

In April of 1959, just months after a charismatic revolutionary named Fidel Castro seized the reigns of power in Cuba, a slim volume of his letters was published in Havana. Entitled *Cartas del Presidio* (Letters from Prison) a collection of Castro's writings would become something of a Rosetta Stone for historians, biographers, and journalists seeking to understand the man who would become Cuba's ruler for life.

The book held twenty-one letters—all addressed to Castro's inner circle of supporters, including his wife, Mirta Díaz-Balart; his half-sister, Lidia; the renowned Cuban intellectual Jorge Mañach; a future mistress; his *compañera* Melba Hernández; the father of a fallen comrade; and nine missives to his devoted friend and political stalwart, Luis Conte Agüero, who published the letters.

With Castro's approval, Conte Agüero collected the letters and wrote its original Preface, a passionate, fulsome tribute to the man he, and many of his countrymen, believed would be Cuba's savior. The book was an instant success and went to press three times. But two years into Castro's reign, most of Havana's publishing houses had been closed, copyright law had been eviscerated, and Conte Agüero had fled the country.

Conte Agüero first met the imposing Castro in late 1945 when both were active in student politics at the University of Havana. Both would go on to become leaders of the Orthodox

Party, the reform party led by Eddy Chibás, whom many Cubans regarded as the great white hope—and future president—of their country. In August, 1951, Chibás, humiliated by a political miscalculation, shot himself at the end of his live radio show. The death of Chibás plunged Cuba into national mourning: a million Cubans attended his funeral. More crucially, it left a huge political void, one that Castro believed was his destiny to fulfill.

Less than a year later, an army general and former president named Fulgencio Batista seized power in a coup d'etat after realizing he would lose the upcoming presidential election. The historian Hugh Thomas has likened the aftermath of Batista's coup to that of a national nervous breakdown. Among the most afflicted was Fidel Castro, who had been a candidate for congressman in the canceled election.

The cover of the original *Cartas del Presidio* featured the mugshot of a clean-shaven twenty-six-year-old Fidel Castro, taken soon after his arrest for the assault on the Moncada military garrison in Santiago de Cuba on July 26, 1953.

Castro's ill-fated attack at the Moncada has been variously described as audacious, suicidal, and hare brained. It cost the lives of seventy of his men, but Castro knew that such brazenness, however crazy, could make him a household name in Cuba, should he survive—which is exactly what happened.

But Castro's sneak assault also irreparably wounded his wife's family, the Díaz-Balarts, who were ministers in Batista's cabinet. Castro was now directly at war with his brother-in-law, Rafael Díaz-Balart, who had introduced him to his future wife Mirta, when they were friends at the University of Havana.

A week before the assault, Castro stopped by Díaz-Balart's office at the Ministry of Interior to suss out whether the police were wise to his plans. Castro left confident that word had not leaked out. Nevertheless his grand assault was doomed.

Outnumbered ten to one by Batista's soldiers, more than half of Castro's 134 guerrillas were captured and killed, some brutally tortured. Fidel and his brother, Raúl escaped and would survive due to the influence of their father's good friend, Archbishop Enrique Pérez Serantes, who negotiated Fidel's surrender.

A lawyer by training, Castro would defend himself at his trial and transform a provincial judicial hearing into a national showcase for himself. His final argument would be a dazzling, rhetorical flourish, with an operatic closer: "Condemn me! It does not matter. History will absolve me." Castro and his brother were sentenced to fifteen years in prison on the Isle of Pines.

Modeled on the federal prison in Joliet, Illinois, the Isle of Pines facility is separated from the mainland by sixty-two miles of shark-swirling waters. Visitors were obliged to take a three-hour ferry ride or a pricey airplane flight to reach it. For most prisoners, it was a dreaded hellhole—Cuba's Devil's Island. Some prisoners simply "disappeared" and torture was not uncommon.

But Castro—wealthy by birth and well-connected by marriage—had privileges unknown to other prisoners. He served much of his twenty-two-month stay in the reasonably comfortable infirmary. However, after organizing a prison protest during a visit by Batista, Castro was put in a solitary cell for more than four months. The prison is now a museum where visitors can peruse Castro's lodgings and contrast them with the cramped, humid cells that housed his fellow inmates.

A celebrity prisoner, Castro used his time and his perks resourcefully. He read ceaselessly and wrote letters daily. A steady stream of visitors assisted him in plotting his political future and strategizing a prisoner amnesty campaign.

Rafael Díaz-Balart, as deputy Minister of the Interior (then called Governance), had oversight of Cuba's prisons and was well positioned to meddle in Castro's affairs. Conflicted by his ties with his only sister and his rage against his ungrateful brother-in-law, he got one measure of revenge when he switched one of Castro's missives to a girlfriend with one intended for his wife.

The letters amply illustrate Fidel Castro's many gifts: his formidable erudition, strategic thinking, and natural leadership. They also offer an early glimpse of his Machiavellian cunning and his genius for public relations and propaganda. But their most salient feature is Castro's ability to inspire others— over and over—to do his will. Indeed, all of Castro's correspondents appear to have centered their lives around him, attending to his needs and implementing his political strategies, believing that Castro would restore democracy to Cuba.

The letters are instructive as an early map of Castro's political ambitions, along with his more quotidian concerns, such as his desire to have more visits with his son, Fidelito, or his favorite foods: "Bring me some grapefruit to refresh me," he instructs his sister. They are also sprinkled with his evolving philosophy. There is admiration for Cato and musings on how Balzac might have thrived in prison.

Although Castro is rarely thought of as a man of easy sentiment, the letters are filled with passion and affection for those close to him. There is tenderness toward Haydée Santamaría— affectionately known as Yeyé, either out of empathy or guilt. "A big hug for you and for my dearest Yeyé," he writes to Melba Hernández, who together with Santamaría were the only women who took part in Moncada. Both Santamaría's fiancée and brother were captured and killed. The latter's testicles were severed and the brother's eyes gouged out and served to his sister while she was in prison. News of the barbarism spread quickly and further galvanized Cubans against Batista. In 1980, on the anniversary of Moncada, Santamaría would take her own life.

Castro's resentments and rages are also dramatized in the letters as well as a casual homophobia toward those he dislikes. We learn that Castro was remorseless and unforgiving with his perceived enemies, a man for whom compromise was a mark of weakness. In matters large and small, he was a scorched-earth warrior. Indeed, his belligerent intractability was a point of honor for him. In one letter to his sister Lidia, he would boast, "I have a heart of steel and I will be stalwart till the last day of my life."

Among the most fascinating letters are those dealing with his marriage, its breakup, and his divorce and custody battles. Castro's long-suffering wife, Mirta, had broken with her own family to support her husband, only to be told her sacrifices were insufficient. Castro's *machista* pride was such that when he discovered that Mirta's brother had put her on a government payroll, he turned against her. Never mind that the imprisoned Castro had not been financially supporting his wife and young son: Mirta's acceptance of a meager salary from her brother was interpreted by Castro as an irrevocable affront to his honor. "I am ready to challange my own brother-in-law to a duel at any time," he writes to Conte Agüero. "It is the reputation of my wife and honor a a revolutionary that is at stake. Do not hesitate: strike back and have no mercy. I would rather be killed a thousand times over than helplessly suffer such an insult!"

In 1954, when Mirta left for the United States with five-year year-old Fidelito, Castro flew into a rage: "I resist even the thought of my son sleeping for one night under the same roof that shelters my most despicable enemies and receive on his innocent cheeks the kisses of those miserable Judases," Castro wrote his older sister Lidia. Should the courts rule against his custody bid for his son, he vowed to fight until death.

Of course, Castro was hardly in a position to be issuing unprecedented custody demands while facing a fifteen-year prison stretch. But he did just that. Instructing his lawyers to seek sole custody of his son, he flatly refused his wife a divorce unless Fidelito was returned and enrolled in a school in Havana. "I presume they know that to rob me of that boy they will have to kill me. And not even then," he told Lidia in another letter. "I lose my head when I think of these things. I will be free one day. They will have to return my son and my honor, even if the earth shall be destroyed [in the process]."

By year's end, Castro had lost the first battle. Mirta got her divorce and retained custody. But Castro made it clear to his sister that he would never give up his claim. "If they think they can exhaust my patience, and that I am going to concede, they are going to find that I am wrapped in Buddhist tranquility and am prepared to reenact the famous Hundred Years War—and win it!" And he did just that, taking sole custody of their son in 1959, even as Mirta went into exile in Spain.

The letters begin in December of 1953 with Castro still deeply distraught over Moncada, penning a feverishly vivid account of the assault. "With the blood of my dead brothers, I write you this letter," he wrote Conte Agüero. "They are the only motive that inspires me." They end with a letter to his sister, Lidia, in May of 1955, just thirteen days before his release, with a lighthearted Castro ironing out his future housekeeping arrangements. "Regarding material comforts, if it were not essential to live with a minimum of material decency, believe me I would be happy living in a tenement and sleeping on a cot with a box in which to keep my clothes. I could eat a plate of *malangas* or potatoes and find it as exquisite as the manna of the Israelites."

On May 15, 1955, a jubilant Fidel and Raúl Castro and their followers walked out of the gates of the prison on the Isle of Pines [which was later renamed the Isle of Youth when Cuba's historic provinces were reconfigured and renamed by Castro].

Following his release, Castro went directly to Havana to resume his campaign to topple the Batista government. Although neither son had seen their father, Ángel, a self-made land tycoon, since before their incarceration, only Raúl went to visit their parents in Birán. Fidel kept his focus resolutely on his political grand plan, unencumbered by familial attachment despite the fact his father's health was failing. Less than two months later, the brothers and other *moncadistas* fled to Mexico to escape Batista's secret police. Castro would never see his father again. Ángel Castro died on October 21, 1956 at the age of eighty, exactly the age when Castro became gravely ill fifty years later.

Following his triumphant march into Havana on January 8, 1959, Castro enjoyed the goodwill of most Cubans. Support for the Cuban Revolution cut across all class and economic distinctions with most believing that the removal of the corrupt and repressive Batista regime could only auger better things for Cuba. Many came to believe they were betrayed.

Perhaps the most poignant aspect of these letters is that so many lauded by Castro as devoted friends or heroes, would irrevocably break from him when he assumed power. Many, like Jorge Mañach and Castro's own sister Juanita, would flee into exile. Others were sentenced to prison or—¡*al paredón*!—to the firing squad. Heartbroken by the loss of the Cuba they had cherished, some, such as Miguel Ángel Quevedo, the gifted editor of *Bohemia* who proved so helpful to Castro, took their own lives.

The story of Gustavo Arcos, cited in these letters by Castro for his valor and eloquence, is not atypical. Among the bravest of Castro's soldiers, Arcos was left partially paralyzed by his wounds during the Moncada attack. One of his brothers died in the *Granma* landing. However, in 1967, Arcos was sentenced to ten years imprisonment for "counter-revolutionary activity," and served three years. In 1981, he and another of Arcos' brothers, Sebastián, were charged with attempting to leave the country illegally, having been denied visas, and were imprisoned again. Seven years later, bowing to international pressure, Arcos was released from prison and continued his work for dissidents and human rights in Cuba until his death in August, 2006.

The case of Luis Conte Agüero is equally telling. Nine of these letters attest to Castro's high regard and trust for Conte Agüero. For fifteen years, he was Castro's devoted *compañero*, even breaking with his brother, Andres Rivero Agüero, the well-respected Minister of Education who initially opposed the political prisoner amnesty that freed Castro. But Conte Agüero's hopes for a free and democratic Cuba were shattered before Castro's first year in power ended.

In March of 1960, Conte Agüero read an open letter to Castro on the radio criticizing the prohibition of political parties and the Revolution's increasing coziness with the Soviet Union. The following day, he was attacked by a mob led by Manuel Piñeiro, Castro's legendary spymaster, known as "Redbeard," and barely escaped with his life. On March 27th, Raúl Castro, Chief of the Armed Forces and Minister of Defense, accused him of betraying the Revolution. "*¡Al paredón!*" chanted the listening crowd. "To the wall!"

The next day, Castro accused him in a televised speech of "conjuring up ghosts," warning that "the enemies of the Revolution are very aware of the service that Luis Conte Agüero has rendered to them." Certain that his life was in danger, Conte Agüero hid out in the homes of friends, before finding sanctuary at the Argentine Embassy.

In the early hours of April 5, 1960, Conte Agüero was driven to José Martí Airport in a black Cadillac belonging to the Argentine Embassy. He would never see his country again.

• • •

Any reasonable reading of these letters would lead one to anticipate that Fidel Castro would have been an exceptional steward for his country. His anguish over injustice suggests that he would reform the judiciary; his laments about the cruelty of Batista's secret police suggest that he would institute a system grounded on human rights. The letters even suggest that Castro was a man of unusual spiritual depth, perhaps owing to his Jesuit education. "Physical life is ephemeral, it passes inexorably," he wrote consolingly to the father of a fallen comrade. "As have passed so many generations of men, soon each of us will pass as well. . . . God is the supreme idea of goodness and justice."

Moreover, Castro's outrage against Batista's upending the 1952 national elections clearly indicated that he would promptly reinstate free and transparent elections in Cuba. Instead, he installed himself as Cuba's ruler for life, serving, at best, as a movie star dictator with a paternalistic streak, and, at worst, as a cruel, unforgiving tyrant. When he was finally forced to face his own mortality in July 2006, he had one last opportunity to alter his legacy. Castro could have bequeathed a final gift to Cuba, a country that has not held a presidential election since 1948. But instead of calling for an election he appointed his brother Raúl— his *relevo*, or relief pitcher, as he called him, as if Cuba were a monarchy. Even as he confronted death, Fidel Castro, sought to maintain his grasp on his island fiefdom from the grave.

Rarely has one man been blessed with such an auspicious destiny. Few have been endowed with so many gifts, opportunity, and the good will of so many. That he squandered it so makes Cuba's tragedy all the more wrenching.

Ann Louise Bardach
Santa Barbara
October 10, 2006

I.

Dearest brother Luis Conte:

With the blood of my dead brothers, I write you this letter; they
are the only motive that inspires me. More than liberty and life
itself for us, we are calling for justice for them. Justice, at this
instant, is neither a monument to the heroes and martyrs who
fell in combat nor to those who were murdered after the battle.
Justice is not even a tomb where they can rest in peace together
with the bodily remains that are spread over the fields of Oriente[1], and in places that, in many cases, are known only to
their assassins. It is not possible to talk about peace for the
dead in this oppressed land. Posterity, which is always more
generous with good people, will preserve these symbols in
memory and the generations of tomorrow will relive, in due
time, the debt of tribute to those who saved the honor of *La
Patria* [Homeland] in this moment of infinite shame.

Luis, why haven't the atrocious tortures and barbaric and
insane mass murders, which took the lives of seventy young
prisoners on the 26, 27, 28, and 29 of July[2] been valiantly
denounced? Yes, this is certainly the inescapable duty of those
who are here now, and not to fulfill it means a stain will never
be erased. History has not seen a similar massacre, neither in
the colony nor in the Republic. I understand that terror has paralyzed hearts for such a long time, but it is no longer possible

to further endure the mantle of total silence of cowardice that has covered these horrifying crimes. These crimes were the reaction of a base and brutal hatred of an indescribable tyranny, which, in Cuba's most pure, generous and idealistic flesh, satiated its vengeance against the rebellious and natural gesture of the enslaved sons of our heroic people. That is shameful complicity, as repugnant as the very crime, and it is fair to think that the tyrant will be smacking his lips from satisfaction at the fierceness of the executioners who defend him and the terror they provoke in his foes that fight him.

It would appear that the reestablishment of the [constitutional] guarantees and the end of censorship have been granted in exchange for silencing the facts; this is a pact between the oppressor and the spokesmen of public opinion. It is expressed or tacit; and it is infamous, abominable, irascible, repugnant.

The truth is being ignored, all Oriente [Santiago de Cuba] knows it; the entire population speaks it in a low voice. The people also know that the charges were completely false, the vile charges that were made against us about having been inhumane with the soldiers. At the court hearing, the government could not provide support for any of its accusations. There to testify were the twenty soldiers of the enemy that had been taken prisoners from the beginning and the other thirty wounded in combat. They did not receive so much as an offensive word. The forensic physicians, other experts, and even the witnesses for the prosecution destroyed the government's versions of events. Some of them testified with admirable honesty. It was proven that the weapons had been acquired in Cuba, that there was no connection with the politicians of the past, that no one had been stabbed, and that in the military hospital there had been only one victim: a patient who appeared in the window. Even the prosecutor, incredibly, had to recognize "the honorable and humane conduct of the attackers" in his concluding statement.

Meanwhile, where were our wounded? There were only five in all. Ninety dead[3] and five wounded. Can anyone imagine such a ratio in any war? What about the others? Where were the fighters who were detained from the 26th to the 29th? Santiago de Cuba knows the answer. The wounded were removed from private hospitals, even from the operating tables, and killed immediately, in some cases on the premises. Two wounded prisoners who entered an elevator with their captors, alive, exited dead. Those interned in the Military Hospital had air and camphor injected into their veins. Pedro Miret,[4] an engineering student, survived this deadly procedure and told the whole story. Only five lived, I repeat. Two, José Ponce and Gustavo Arcos,[5] were protected by Dr. Posada, who refused to let them be taken away by the soldiers at the Spanish Colony Hospital. The other three owe their lives to Captain Tamayo, an army physician and worthy professional, who, in a courageous act, pistol in hand, transferred the wounded Pedro Miret, Abelardo Crespo, and Fidel Labrador from the Military Hospital to the Civil Hospital. Not even these five were meant to survive. The numbers speak with irrefutable eloquence.

As for the prisoners, the entrance to the Moncada Barracks could well have had the warning posted at the threshold of Dante's *Inferno*: "Abandon all hope." Thirty were murdered the first night. The order arrived at 3:00 P.M. to General Martín Díaz Tamayo, who said, "it is an embarrassment for the army to have three times as many casualties in combat as the attackers, and there should be ten dead for each soldier." This order came out of a meeting attended by Batista, Tabernilla, Ugalde Carrillo,[6] and other officials. That same Sunday, to avoid legal difficulties, the Council of Ministers suspended Article 26 of the [Constitutional] Statutes, which establishes the responsibility of guards for the lives of detainees. The goal was achieved with horrible cruelty. When the dead were buried, they had no eyes, no teeth, and no testicles; their valuables were taken by the killers, who later showed them off shamelessly. The tortured exhibited scenes of indescribable courage. Two young women, our heroic comrades, Melba Hernández and Haydée Santamaría,[7] were detained at the Civil Hospital, where they had been stationed as first aid nurses. A sergeant with bloody hands named Eulalio González, nicknamed "The Tiger," showed Santamaría the eyes of her brother; he had gouged them out while she was stationed in the barracks at dusk. Later that night, they gave her the news that her fiancée, also a prisoner, had been killed. Full of indignation she faced the murderers, "he is not dead; *to die for the Homeland is to live.*"[8] They were not murdered; the savages stopped before the woman. They are outstanding witnesses of what occurred in that hell.

On the outskirts of Santiago de Cuba, forces under the command of Major Pérez Chaumont murdered 21 combatants who were disarmed and dispersed. Many were forced to dig their own graves. One brave soldier turned his pickaxe and wounded one of the assassins in the face. There was no such combat in Siboney; those who still had weapons had gone with me to the mountains. The army made no contact with us until six days later when we were surprised, completely asleep and exhausted by fatigue and hunger. The killings had stopped in the face of the enormous outcry by the people. Even so, the only thing that saved us from being killed was the miracle that we were found by a decent officer and that I was not recognized until we were registered at hospital.

On the 27th at midnight at kilometer 39 of the Manzanillo-Bayamo Road, the captain in charge of the Manzanillo area had three young men, Pedro Félix, Hugo Camejo and Andrés García tied by their necks and dragged behind a jeep along the ground, leaving the three for dead. One of them, García, was able to recuperate hours later. Introduced later by Monsignor Pérez Serantes,[9] García recounted the story.

In the early hours of the 28th, next to the Cauto River on the road to Palmas, Raúl de Aguiar, Andrés Valdés and another young man were slain by the Chief Lieutenant of the Alto-Cedro post, Sergeant Montés de Oca and Corporal Maceo. Then, they threw the bodies into a well by the river bank near a place known as Bananea. These young men had been in touch with friends of mine who had helped them; their fate became known later.

It is completely false that the identification of the corpses—so far less than half of the total—has been done by the Forensic Department. In every case, the victim's name and personal information was recorded before he was killed—and then their names were released, one by one. The complete list was never released. Only some of those killed in combat were identified by their fingerprints; the rest remained unidentified. The suffering and uncertainty on the part of the family members by these procedures is indescribable.

We denounced these facts and others like them in every detail at a hearing in the presence of soldiers armed with machine guns and rifles. The soldiers filled the courtroom in an obvious attempt at coercion. They, too, were stunned when they heard what savageries had been committed.

I was kicked out of the third session of the trial for violating all rules of procedure, in order to prevent me, as an attorney, from clarifying the facts. The trial was a true scandal because other lawyers then took charge.

Based on the denunciations in our testimony, three cases have been filed at the Trial Court of Northern Santiago de Cuba for murder and torture: Cases 938, 1073, and 1083 of the year 1953, as well as many other charges of continued violations of individual rights. We have already ratified all of them at the Trial Court of Nueva Gerona. We have accused Batista, Tabernilla, Ugalde Carrillo, and Díaz Tamayo as authors of the order to kill the prisoners; we know with complete certainty this is true. We have accused Colonel Alberto from Río Chaviano[10] and all of the officers, noncommissioned officers and privates who distinguished themselves in the orgy of blood as the executioners.

Except for Batista, under existing law, the civil courts are responsible for trying those charges and so far the Court of Santiago de Cuba has been very firm about this. Without a doubt the silence surrounding this trial is the greatest favor that could be done for the criminals and the most effective incentive to go on killing without restraints of any kind. Of course, I do not dream of even the most remote possibility of a legal conviction. No, that would be absurd under a regime where murderers and torturers live freely, wear uniforms, and represent authority, while honorable men are sent to jail for the crime of defending liberty, rights, and the Constitution that the people gave to themselves. For them there is no jail, no sentence, not even court. Without a vigorous voice rising to accuse them, they will also enjoy absolute moral impunity, even when so many have generously died fighting them, and while so many suffer the humiliation of prison.

After hearing the denunciations made regarding the death of Mario Fortuny,[11] I believe the moment has arrived to bring this point to the order of the day, despite the restrictions—the Law of Public Order, etc. Tell me, Luis Conte, does not some responsibility for this horrendous crime lie with those who have kept silent in the face of the thousand-times more horrendous crimes committed in Santiago de Cuba? Is it fair to accuse only the regime when the opposition has encouraged it with its shameful cowardice? Does the opposition not understand that their conduct bears very bitter fruit; that speaking out is the only check on power and that silence will open a new grave? Why is everybody now rushing to protest Fortuny's death?

Maybe because this savagery is less cruel and the Government is willing to tolerate the criticism of less significant events in exchange for not touching the taboo question? Or could it be, Luis Conte—and this would be even sadder—that Fortuny has more loyal friends among his comrades of political militancy, who know how to accuse and to encourage protests. Meanwhile, the remains of my partisan brothers lie at the bottom of their tombs, forgotten by their comrades of party and cause—who will reward the generous sacrifice of their lives to the ideals which are so often preached?

Those brave men who marched to their deaths with smiles of supreme happiness on their lips embracing the call of duty did well in dying; they were not born to resign themselves to the hypocritical, wretched life of these times and they died, finally, rather than adapt to a disgraceful and repugnant reality.

These considerations bring to me the manly thoughts that stirred their restless minds, that angry uprising against such repugnantly selfish mediocrity, that desire to set an example by doing something great for *La Patria.* Each day that passes justifies the reason for their sacrifice.

Days ago, the 27th of November was commemorated.[12] All those who wrote and spoke about the event spouted irate, fiery words filled with high-sounding epithets and feigned indignation against the soldiers who killed those eight students. Yet, no one uttered even a single syllable condemning the murder of seventy young men who were equally pure, decent, and idealistic . . . Innocents! Even now their blood warms the heart of Cuba. May the curse of History fall upon the hypocrites! The students of 1871 were not tortured; they were subjected to a trial; they were buried in known places; and those who committed that atrocity believed they were in possession of a four-centuries-old right, received from divine hand, consecrated by time, legitimate, inviolable, eternal according to a creed now abolished by man. Nine times those eight students were felled by torture and gunfire in Santiago de Cuba without any kind of trial and in the name of an illegitimate, hated, 16 month-old coup, which has no God and no law and violates the noblest Cuban traditions and the most sacred human principles. This regime then scatters the remains of its victims in unknown places in the Republic—a country our liberators founded for the dignity and honor of man in the same year of the Apostle's Centennial![13] What was their crime? To fulfill his teachings: "When there are many men without honor, there are always others who have within themselves the honor of many men. These are the ones who rise up with terrible might against those who rob the people of their freedom, which is to rob men of their honor." Whose interests were injured? The boundless ambitions of a band of Cains who exploit and enslave our people for the exclusive profit of their own selfishness.

If the hatred that inspired the slaughter of November 27 was "born foaming at the mouth from the belly of man," according to Martí, what womb engendered, then, the massacres of July 26, 27, 28 and 29? Yet, I do not know of any Cuban army officer who has broken his sword and renounced his uniform; this army's only honor was to "kill ten young men for every soldier killed in combat," the wish of the Joint Command.

Luis, I believe as much in the depth of the people of Cuba and have as much faith in them as I despise and distrust everything that floats on the surface of our society laden with rot. You are a portion of that depth of the people which towers above the putrid surroundings.

Once, someone called at a friend's house.[14] It was three in the morning of a memorable day. He was going to invite him to liberate his homeland. The friend was not there; he was at that instant extremely far away. Profound disappointment! Why does fate weave such strange circumstances? Fate itself takes care of the answer. That is why so many believe in destiny. What would have become of the eight executed students if Fermín Valdés Domínguez[15] had been among them?

Luis, take in your hands this honorable cause; you have more than enough intelligence, more than enough valor, more than enough integrity. I think now is the time to tell you that if our revolutionary effort had triumphed, our purpose was to place power in the hands of the most fervent Orthodox.[16]

The re-establishment of the Constitution of 1940, modified, of course, to our abnormal situation, was the first point of our proclamation to the people. Once in possession of the capital of Oriente [Santiago de Cuba], six basic laws with profound revolutionary content were to be decreed that would have given definitive title to small sugar cane growers, tenant farmers, sharecroppers, and squatters. We would have provided indemnification by the state to the affected proprietors. We would have given workers the right to the final profits of enterprises and a 55 percent share in the cane's yield to the small sugar cane grower. (These measures, naturally, would be part of a dynamic, energetic policy of the state, directly intervening in the creation of new industries and mobilizing the large reserve of national capital and splintering the organized resistance of powerful interests). Another law would have decreed the dismissal of all the judiciary, administrative, municipal, provincial, or national officials who had betrayed the Constitution by signing the Statutes.[17] And finally, a law would have mandated the confiscation of all property of all swindlers of every age, subject to a summary process of investigation.

I detail all this so you know that we had a bold and progressive program that constituted, by itself, an essential part of the revolutionary strategy. The government made sure that all these documents disappeared.

Nobody could have found out about this, because we adopted the condition of not seizing the radio stations until we were assured of having enough force to prevent a massacre in case we failed. The recording of Chibás' last speech[18] was meant to be aired constantly, which would have instantly created faith in a revolutionary explosion completely independent of the politicians of the past.

Our triumph would have meant an immediate rise of the Orthodox [Party] to power, first provisionally, and later, through general elections. So true is this in regards to our purposes that, even in failure, our sacrifice has strengthened the true ideals of Chibás, setting events on a new course.

The fainthearted will say we were not right in considering *juris [et] de jure,* the neutral premise of success or failure. This was the result of cruel incidents at the last hour, so simple that it makes me crazy to think about them. The possibility of triumph was within our means; had we had them, I have no doubt that our odds of prevailing would have been a 90 percent possibility.

Talk to Dr. Agramonte,[19] show him this letter, tell him that our feelings are full of loyalty for the purest ideals of Eduardo Chibás. Tell him that those who fell in Santiago de Cuba were militants of the Party that he founded. With him, they learned to die when the Homeland needed a heroic self-sacrifice to raise the people's faith in the fortitude of their sons and daughters as well as in the inevitable realization of the nation's historical destiny.

There should never have been room within the Executive Council for sterile and inopportune theories about a coup or a revolution when it was time to denounce the monstrous crimes the government committed, murdering more Cubans in four days than in the previous eleven years. Moreover, who in Cuba has given more proof of faith in the masses, in their love for freedom, in their repudiation of the dictatorship, in their desperate misery and mature conscience? Do you believe, Luis, that your attempts to raise the Maceo Regiment the morning of March 10 could have been called a coup,[20] after other commands had surrendered? Could there be less awareness of freedom today than there was at dawn on October 10, 1868?[21]

What is measured at the hour of the battle for freedom is not the number of the enemy's weapons but the number of virtues in the people. If, in Santiago de Cuba, one hundred valiant young men fell fighting, this only means that there will be a hundred thousand young men ready to fall for *La Patria* as well. Search for them and you will find them; guide them, and they will march ahead, no matter how hard the road. The masses are ready; all they need is to be shown the true path.

Denounce the crimes; here is a duty! Here is a terrible weapon! Here is a formidable and revolutionary step ahead! The charges have been made; every accusation verified. Call for the punishment of the murderers! Demand their incarceration! Appoint, if need be, a private prosecutor! Impede, by all means, transfer to military jurisdiction! Recent precedents favor this course. The simple publication of the charges will have tremendous consequences for the government. I repeat, not to do this would be an indelible stain.

I beg you to visit Quevedo[22] also and encourage him in this way. Remind him about "the *Nacional*" [Hotel], his protest against the assassination of the military officers, even though the victims on that occasion did not represent the just cause. These officers were killed while rifles were still smoking, and not systematically and in cold blood during four days, as happened in the Moncada Barracks. Remind him that it is not enough to publish indirect allusions to the problem with photos from Korea, that it is necessary to address this topic more directly. If De la Oza decides, he can help greatly in this endeavor; Mañach[23] made some allusion to this aspect of the problem. Why don't you talk with him?

I am going to ask you for a favor: Write a Manifesto to the people following the content of this letter. Sign it in my name and take it to Mirta. She will try to have it published in *Alma Mater*.[24]

Express our gratitude to Ricardo Miranda[25] for his repeated campaign in favor of the political prisoners.

One last plea: with the exception of the expenses already incurred, dedicate the proceeds collected to help the widows and relatives of the dead. We need nothing, nor do we desire anything. Needless to say, we won't celebrate Christmas because we intend to not even drink water on that day as a sign of mourning. Make it known; I think the objective will be more noble and human that way. There is no point for prisoners like us to aspire to the joys of Christmas; we'd rather that those who have lost a loved one and a breadwinner, not go homeless or hungry.

Luis, I congratulate you on what you are doing and the very brilliant, intelligent and opportune way in which you are focusing on the problems. I am sure that your appeal among the people must be enormous. Put your sympathies in the service of truth and justice even more, without the fear of reaching a sacrifice upon solid foundations.

I hope one day, in a free motherland, we will travel together through the fields of indomitable Oriente, gathering up the heroic bones of our comrades to unite them all in a great tomb next to that of Martí, as martyrs of the Centennial. Their epitaph will be a quote from Martí: "No martyr dies in vain, nor is any idea lost in the motion of the waves and the blowing of the winds. They move away or they come closer, but the memory remains of having seen them."

Luis, we still have the strength to die and fists to fight. From all of us, we send you a strong embrace.

Fidel

Notes to Letter I.

1. Oriente, the easternmost province in Cuba, was divided into five provinces in 1974.

2. The assault on the Moncada Barracks in Santiago de Cuba by Castro's guerrillas on July 26, 1953.

3. The actual number of dead rebels was seventy, not ninety.

4. Pedro Miret was imprisoned with Castro for his participation in the Moncada assault. He became Minister of Agriculture in 1959 and became a high-ranking official in Cuban government.

5. Gustavo Arcos, ambassador to Belgium in the early 1960s; later, a prominent dissident in Cuba who was imprisoned several times before he died in Havana in 2006.

6. General Díaz Tamayo, who refused to issue this order, was later subject to house arrest for conspiring against Batista. After Castro's takeover, he unsuccessfully attempted to be reinstated in the Armed Forces. General Francisco Tabernilla, Batista's Chief of Staff fled Cuba the same night as Batista. In 1959, Gen. Manuel Ugalde Carillo's execution was stayed by Castro.

7. Melba Hernández remained a staunch *fidelista*. Haydée Santamaría was head of *Casa de Las Americas*, the government-run cultural organization, until her suicide on July 26, 1980.

8. Lyric from the Cuban national anthem.

9. Enrique Pérez Serantes, Archbishop of Santiago de Cuba, died in Spain.

10. Colonel Alberto del Rio Chaviano—commander of the military in Oriente.

11. Mario Fortuny, a journalist and member of the opposition to Batista, murdered in Havana months after the assault on Moncada.

12. Refers to the date that eight Cuban medical students were chosen at random and executed by the Spanish Colonial authorities in 1871 for allegedly desecrating a tomb.

13. José Martí, 1853–1895, Cuba's revolutionary hero and poet, often referred to as The Apostle.

14. Refers to visit by Castro to Luis Conte Agüero.

15. Fermín Valdés Domínguez survived and proved the innocence of the eight executed students of 1871.

16. The Party of the Cuban People known as the Orthodox Party, was founded by Eduardo Chibás.

17. Batista's provisional constitution.

18. Eduardo Chibás, 1907–1951, gave this impassioned speech on CMQ Radio, at the end of which he shot himself. He died days later.

19. University professor, Roberto Agramonte of the Orthodox Party, was Minister of State under Castro for a few months. He died in exile.

20. Castro refers to the day of Batista's coup d'état: March 10, 1952.

21. The first day of war for Cuban independence from Spain.

22. Miguel Ángel Quevedo, owner and publisher of *Bohemia,* the most popular magazine in Cuba, who committed suicide in Caracas, Venezuela.

23. Journalist Enrique de la Osa, became Director of *Bohemia* in 1960, and died in Cuba. Jorge Mañach, a noted Cuban intellectual, died in Puerto Rico. See Letter XVI.

24. *Alma Mater* was the student publication of the University of Havana.

25. Ricardo Miranda, owner of Oriental Radio Network (COR) before going into exile.

II.

Isle of Pines, April 17, 1954

Dear Melba,

Mirta will tell you how to communicate with me every day if you need. Keep it absolutely secret, letting only Yeyé [Haydée Santamaría] know when she gets back. Mirta has told me of the great enthusiasm with which you are fighting. I feel only immense nostalgia by being absent. I want to submit for your consideration some things that I consider important.

> 1. We cannot for a minute abandon propaganda, for it is the soul of every struggle. Ours must have its own style and adjust itself to the circumstances. We must keep denouncing the murders ceaselessly. Mirta will tell you of a pamphlet of decisive importance to which I want you to lend your full attention due to its ideological content and its tremendous accusations.[1] It is also necessary to have a dignified commemoration of the 26th of July. We must, by all means, hold an event at the University Esplanade. It will be a terrible blow to the government, so it is necessary to intelligently prepare from this moment on. We must also hold events at the Institutes, in Santiago de Cuba, and overseas: Orthodox Committees of

New York, Mexico, and Costa Rica. Gustavo Arcos should speak to the leaders of the Federation of University Students [FEU] regarding the event at the Esplanade.

2. We must coordinate the work between our people here and those abroad. To this end, arrange a trip to Mexico as soon as possible so you can meet there with Raúl Martínez and Lester Rodríguez[2] and after carefully studying the situation, decide on the course to follow.

We have to consider with extreme care any project of cooperation with other elements lest they simply try to use our name as they did with José Pardo Llada[3] and company. That is, the tactic of tainting with ill repute any group that might overshadow them. Let us not accept any kind of underestimation; let us not reach any agreement unless on firm, clear basis with probable success and positive benefit for Cuba. On the contrary, it is preferable to march alone and keep the flag raised high until the release of these magnificent young men who are now imprisoned and to prepare for the struggle with the greatest dedication. "To know how to wait," Martí said, "is the great secret of success."

3. Third, *maintain a soft touch and smile* with everyone. Follow the same strategy that we followed during the trial; defend our points of view without ruffling feathers. *There will be enough time later to squash all the cockroaches together.* Do not lose heart over anything or anyone as we did during the most difficult moments. One last piece of advice:

beware of envy. When someone has the glory and prestige you do, ordinary people easily find motives or pretexts to be suspicious. Accept help from anyone, but remember, trust no one. Mirta has instructions to help you with all her soul. I have placed all my faith in you. I will speak with Vega,[4] if I see him today, about those things I deem appropriate.

A big embrace for you and for my dearest Yeyé. More resolute than ever.

Fidel

Notes to Letter II.

1. *History Will Absolve Me,* the written version of Castro's speech in his own defense at his trial.

2. Raúl Martínez Araras led the July 26th assault on the Bayamo Barracks, left for Miami. Lester Rodríguez remained in Cuba.

3. José Pardo Llada, a well-known radio commentator in Cuba who left in 1961 to live in Colombia.

4. Seems to refer to Dr. Adolfo Rodríguez de la Vega, cardiologist and friend of Castro.

III.

Isle of Pines, June 12, 1954

Mr. Luis Conte,
Havana.

Dear brother:

Neither the jail bars, nor the solitude, neither the isolation, nor the furor of tyrants will impede these lines, carriers of my earnest devotion in these moments that you harvest the applause and affection sown by your civic struggles.

There are enough fingers on both hands to count the Cubans who have defended us, civically and valiantly, in the hard and bitter hours of adversity: Roberto Agramonte, Ricardo Miranda, Pelayo Cuervo, José Manuel Gutiérrez, Ernesto Montaner, Carlos Lechuga,[1] Enrique De la Oza and others. Above all others, you, Luis Conte, have been the most firm, the most constant, and loyal defender of our cause, which is the cause of those who do not resign themselves to be slaves in the thousand-times glorious motherland where today her children are even denied the right to be men. We cannot forget our gratitude for the generous voices and valiant pens who have had words of loving remembrance for the fallen and vigorous protest against the inhumane, brutal, and cowardly prison regime that has been imposed on us, even while so many have gone silent out of fear, petty jealousies or criminal indifference.

I still carry the pain of not being able to embrace you and express our gratitude to you in person while you were a prisoner in this very prison. It would be too much to think that this dictatorship's jailers would be kind enough to allow two Cuban friends, whom they tore from homeland and family, to shake hands and exchange greetings in their common prison. I could not speak with you as I could not speak with Barcena.[2] I have not seen my brother—who is 50 meters from my cell—for several months,[3] or even written him a few lines since the day we sang a patriotic anthem while the tyrant was visiting the prison. This was also the reason that one of our comrades, Agustín Díaz Cartaya, author of the anthem, was sent to a solitary cell in the early hours of the 15th of February and brutally beaten, leaving him unconscious, something that not even Castell [Capitán Pedro Abraham Castell] ever did to a political prisoner in the worst years of the Machado regime.

About me, I can tell you that my only company happens when they lay out a dead prisoner in the small funeral parlor across from my cell; there are occasions of mysterious hangings, strange murders of men who were beaten and tortured. But I cannot see them because there is a six-foot screen blocking the only entrance to my cell so that I cannot see another human being, alive or dead. It would be too much magnanimity to permit me the company of a corpse!

While these things were occurring, the despot [Batista] spoke in Santiago de Cuba of the forgiveness of God. He spoke of forgiveness and God in the same barracks where not yet a year past, seventy young prisoners were cruelly murdered. They gorged themselves in a merry feast where not even ten months before, they gorged on the blood of patriots.

You were sent to prison with common criminals for telling the truth. But those very same courts that handed down an arbitrary sentence against an honest and spotless young man have neither condemned a single one of the hundreds of thieves who have looted the republic, nor the greater criminals who torture and murder political prisoners. To tell the truth and to fight for liberty, the constitution, the people's sovereignty and the honor of the motherland is a crime not to be forgiven by those honorable magistrates who once pledged to be faithful to the legitimate institutions of the Republic.

I know that the homage will be a success,[4] a true tribute of the people, full of affection and sympathies, the recognition of your tireless struggle, to your constant protest, to the unbreakable firmness of your principles, to your firm position in public life without hesitation or dismay. The people will encourage the young man who seeks not the ignoble seats of the House and Senate but places his talent at the service of great ideals and follows the path of sacrifice and peril to continue the march on the long and hard road, which so seldom leads to personal success, but always leads to glory, to the triumph of the true ideals and the eternal gratitude of the people.

From here I see the theatre completely filled, the cherished and unforgettable image of the masses of our party, always enthusiastic and always vibrant to the call of the patriotic word, that mass which is the soul made flesh in the great leader [Chibás] who gave the multitudes the breath of his life and the sigh of his heroic death. There are faces which I recognize and welcome, face that cannot be erased from the mind; to think of them is to evoke the memory of so many struggles and battles we fought together. These are the faces of CMQ, of the difficult moments of the Party, of those who prayed across from the Medical Center, kneeling on the grass in the weak light of the early hours of the morning, so that the light would not go out of that incomparable life. They are the faces of those who, near the tomb, did not tire of crying and cry still. This was the vision of the people fighting fearlessly, invincible in their fury, sure of their victory, hopeful of the future, with no more resources than their colossal faith against the entrenched interests. The people have the instinct to figure out who is loyal and to shun those who depart from the line. They never forsake those who are loyal to the line drawn by the great visionary, he who could see from afar while all others were blinded by the fog of the present, the great line, the only correct and revolutionary one, the longest and hardest one: the line of revolutionary independence.

I envision the podium and there, Roberto Agramonte, Conchita Fernández, Paquita Vivar, María Teresa Freyre and Pepín Sánchez, who must have been dragged there as he has always been so modest. I see [Manuel] Bisbé, Orlando Castro, Leonardo [Fernández Sánchez], Yuyo [Julio del Valle], Joaquín López Montes, [Raúl] Primelles, Mario Rivadulla, Luis López [Pérez], [Juan Martínez] Tinguao, [Enrique] Barroso, [Emilio] Llenín,[5] and so many others that it would be impossible to name them all. I miss so many good Orthodox who some day will come back to us. But what happened to those who deserted to the enemy, seeking office as senators and representatives; what were they doing within the People's Party? Those landowners, millionaires, and exploiters of farmers and workers, what were they doing within the party whose first obligation is social justice? While the masses struggled in the streets, these men were prostituting the Orthodox movement, seizing leadership posts and hoping to convert it into yet another traditional party. What a magnificent lesson for the future!

Decent men and the masses of higher consciousness have been left marginalized from the electoral struggle as a result of the traitorous coup; we are witnessing a fight among thieves, yesterday's thieves against the thieves of the day before yesterday and of today. It is a fight among traitors, the traitors to the Constitution and the traitors to the people in their disgrace, a fight between the creators of *porrismo* [thuggery] and the founders of gangsterism, between tyranny and comedy, with tragedy as the outcome for the people. Anyone of them could win, but Cuba loses in the end.

What is important now is to save our principles; everything is saved if our principles are saved; from the greatest depth of the rot the redeeming ideal will surge forth, purified and clean.

I do not want to continue, even if I have not sufficiently expressed our heartfelt bond with the brave combatant, generous comrade and loyal friend to whom the people render the most merited of tributes. I authorize you to read it, regardless of reprisals, nothing more could be done to me but to take my life and death could not be worse than to be buried alive. Actually, I ask that you read it; take my turn at the podium and give my modest words the force of the strongest voice of the Oriente . . . and of Cuba. To all the Orthodox and to you especially, I give you the strong embrace of your brother from the depth of this cell where today it has been four months since I have seen the sun.

Fidel Castro

Notes to Letter III.

1. Dr. Pelayo Cuervo was murdered under Batista in 1957. Dr. José Manuel Gutiérrez and journalist Ernesto Montaner died in exile. Carlos Lechuga became Cuba's ambassador to the UN in Geneva from 1959 to 1989.

2. Dr. Rafael García Barcena was ambassador to Brazil and died in 1961 in Cuba.

3. Raúl Castro Ruz, Fidel's younger brother, Minister of the Armed Forces since 1959, Vice-President since 1974 and Castro's chosen successor.

4. Celebration in honor of Conte Agüero at the *Teatro de la Comedia* where this letter was read by Castro's wife, Mirta Díaz-Balart.

5. Conchita Fernández, Chibás' personal secretary, became Castro's secretary in 1959 and later, secretary to Communist Party leader, Carlos Rafael Rodríguez. Manuel Bisbé, ambassador to the UN in 1959, died in 1961. Julio del Valle, for many years Castro's personal physician and confidant; lives in Havana.

IV.

Isle of Pines, June 19, 1954

Luis:

I could not hear the transmission of the event, but from afar I heard the murmur of a radio tuned to COR. I know that Mirta read my letter,[1] although I don't know, until I speak with her, if any part was suppressed. I also know, because the guys communicated with me, that you retransmitted it the next day; they heard everything, were very pleased, and also communicated that, judging by your speech, you will soon be thrown in here again.

Today it is four months and a week since I was locked up in this solitary cell. They said at the start that it would be for four months, but in reality they have every intention of leaving me like this permanently. I don't want to waste time giving you my opinion about these people; Castell and his squad of murderers were little angels compared with the hard-headed band of fiends and morons running this prison.

In reality this situation could not be any harder; I don't know if it is due to the mental torture and how unnatural it is, or to think that these things could be done in Cuba with absolute impunity and in the midst of a frightening indifference on the part of the media. As much as we understand the moral descent that the Republic is suffering, sadly, we are not getting accustomed to it. Other than the efforts of three or four persons—you in the first place—there is absolutely no opposition to the regime. Just remember the hell raised about Prío's loan for two hundred million [pesos] and now see the ease with which Batista plans and carries out another one for three hundred and fifty. Add that loan to others he took out at the time, and the total surpasses five hundred million; the loans have been plagued with legal violations, secret negotiations and mysterious journeys by [Joaquín] Martínez Saenz to the United States. All of this has been done without rhyme or reason, without plan or program, to be spent at Batista's discretion, mortgaging the budget for more than a quarter of a century. Except for [Raúl] Cepero Bonilla,[2] I don't see in the newspapers the most minimal resistance to the project, despite a great coolness.

This is a dispiriting picture. Don't think that I am disheartened or that I want to vent. In truth, I would need thirty pages to do that. Let's just say, it's not easy to find solace when there is no one to share words of encouragement with. Still, after giving it much thought, I have come to the conclusion that this crisis that the nation is suffering was inevitable and necessary. The greater the crisis is, so much greater the hope to conceive a different tomorrow will be. For the people who hold sincere ideals, Cuba today is a Garden of Olives where we must sweat blood.

The hardest hours are yet to pass, and I believe you will be even more alone than you are now. It would be a sight to behold if a third political front comes into being: the number of hypocrites who would finally get rid of their masks in pursuit of office as senators and representatives, fully playing the Government's game! All that would be needed afterwards would be for some excited *priístas* [Prio followers] to run in any of those fronts and we would have the perfect starting point for our true struggle. On the one side every criminal, thief, hack, apostate, traitor, and crook carving up the Republic; on the other side, what is left is the clean, the idealist and the sincere revolutionary in Cuba together with the people. The sooner that situation arrives, the better. For you it will signify a tough stage in your solitary struggle and for us cruel abandonment in jail. But self-sacrifice is now our only obligation.

Here I spend my days reading and exercising self-control. I definitely feel better when I do not read the newspapers; the politicking and conformity I see everywhere produces in me fits of rage. If anyone's patience has been put to the test it is mine; there are times when I spend whole hours fighting the desire to explode or declare myself on hunger strike and not eat a thing until I am taken out of this cell or killed, which is not unlikely. I am convinced that they want to provoke me at all costs, but I don't pay attention to their intentions. Otherwise, why after four months do they persist in keeping me isolated? Nonetheless, I do not know how long I will have the energy to contain myself.

Luis, I think we must organize as soon as possible a constant, systematic and mounting campaign against this outrageous situation of mine. What has already been done, although it has torn up their insides, is not enough; they are too stupid and too arrogant. Until the government itself feels threatened, these people here will swallow bile but not concede.

Psychologically speaking, this is the most favorable moment for the campaign for several events. I think that the only person who could seriously organize a campaign and succeed is you.[3] This is the main reason I am writing these lines. The situation in itself has a human aspect of the greatest significance. The solitary confinement of American soldiers in Korea for a few months was considered one of the cruelest tortures to which they were subjected; many of them got sick and the world press spoke about them extensively. Also, this situation is completely illegal and enough cause to prosecute those responsible. Furthermore, the events in this case stem from the arbitrary attitude of a warden of a prison who rides roughshod over all the institutions that regulate prisons. The Minister of Governance[4] has behaved just as he is, a perfect pansy; he has aceded to the whims of the military and filled his own pockets with riches. It would be a good thing to charge him publicly and demand that he give an explanation to the High Court of Social Defense.

I believe that you should form a committee with Mirta, my sister Lidia, Melba, Haydée, and—if possible Roberto Agramonte—and the other leaders of the Party. The committee should personally visit the directors of newspapers and radio stations to present the problem and ask for their cooperation. This should not be difficult to obtain as it does not fundamentally affect the attitude these media maintain if the question is presented as a humanitarian problem.

The intervention of *Bohemia* would be decisive. A well-written article in the magazine is too much for these people to withstand. Remember the importance of Montaner[5] regarding your release from prison. The article could be written by you, Montaner or Mañach, who must be back by now; you should visit him with this purpose in mind. If all three would write on different occasions and on diverse aspects of the same problem, so much the better. You could provide all the details they need. The case could also be commented on by criminal justice experts with their photographs and opinions. Many people could find themselves in the situation I am in; throwing out the precedent I set would be a guarantee for all.

The attitude of the Bar Association has been quite weak. You should visit Miró Cardona[6] and ask for a more energetic cooperation from the Bar.

The Federation of University Students, with their group interests and cliques, has behaved quite badly. Nevertheless, you could persuade them to fight against an injustice that is much worse than others on which they have spent all their energies.

It also occurred to me that it would be wonderful if the Eastern Radio Network announced daily the amount of time that I am held incommunicado; such-and-such months, ten days; such-and-such months, eleven days . . . day after day. (This reminds me of Cato, who always ended his speeches asking for the destruction of Carthage.) I don't have to say anything about your and Miranda's editorials because I know you have constantly defended me.

You should also speak with Pelayo and José Manuel (or would you have an objection?) so that they file a criminal suit against [Ramón] Hermida and Capote.[7] We can neither go on with half-measures nor become resigned to go on suffering this humiliation; that I am not willing to do.

Certainly this case is the greatest conundrum that could be planted before the Government. They are in the midst of an electoral campaign and have decreed a pseudo-amnesty; this case would be a formidable means of exposing the political hacks at the height of their electioneering.

As for the people around here, one of the biggest mistakes they made was to beat up Cartaya in the early hours of the morning of the 15th of February, an act ordered by Major Capote in which Lieutenant Perico, Sergeant Rojas, a major named Cebolla [Saboya] and others participated. We should attack them without respite about this act; I think it is of the greatest importance and effectiveness.

Perhaps you can come up with some other bigger and better things. I only want to reiterate that it is urgent to act now that all circumstances are in our favor, as I see it. You know from your own experience what it means to be in here suffering infernal stupidities.

I want to tell you many more things, but for now I want to concentrate on this problem. I know that many questions will occupy your mind and your time in the days to come. Dedicate to me just a small part of your time and energy: believe me, I would not ask it of you if I did not believe that this was a very promising issue for fighting the dictatorship in an area where it cannot defend itself. By its very nature, public sentiment will be on your side unless here in Cuba the worst of crimes—murdering a political prisoner in cold blood—has ceased to be important.

I have been more than three thousand hours completely alone, except for the very brief moments I have spent with my wife and my son.[8] Add to this the three months in similar circumstances in Santiago de Cuba.

I need not tell you that with whatever little help I can give, I am entirely at your disposal. I will repay the favor with cigars when you are back in here.

An embrace from your brother,

Fidel

Notes to Letter IV.

1. Refers to Letter III. Foonote 4.

2. Raúl Cepero Bonilla was Minister of Commerce in 1959. Died in an airplane crash in 1962.

3. Conte Agüero chaired the Committee for Political Amnesty.

4. Ramón Hermida Antorcha of the Ministry of Governance (later renamed the Ministry of Interior) supervised all police activities.

5. Ernesto Montaner wrote of the family schisms in Cuban politics in *Bohemia*, citing the split between Castro and his brother-in-law, Rafael Díaz-Balart, Deputy Minister of Governance and Conte Agüero and his brother Andrés Rivero Agüero, then Minister of Education and later Batista's Prime Minister and President-elect in 1958, died in Miami in 1996.

6. Dr. José Miró Cardona, president of the Cuban Bar Association. Prime Minister under Castro in 1959 and later ambassador to Spain. In 1960 he was named ambassador to the United States where he defected and became head of the Cuban Revolutionary Council, a militant exile organization, involved in the Bay of Pigs invasion.

7. Jose Capote, warden of Isle of Pines Prison, was executed May 1, 1959.

8. Fidelito: Fidel Ángel Castro Díaz-Balart, Castro's eldest son, a scientist who lives in Havana with his second wife and three children.

V.

Isle of Pines, July 6, 1954

Dear friend Luis:

I heard on the radio that today is your birthday. I loved the words you said for the occasion. I do not want this day to go by without expressing the most brotherly greetings and to wish that you may turn three times thirty years old with the same strength of spirit and greatness of soul. With the same brevity and sincerity that you displayed today, I close these lines with a strong embrace, your loyal and grateful friend,

Fidel Castro

VI.

Mirta:

I just heard on the newscast of C.M.Q. (11:00 p.m.) that "the Minister of Governance has ordered the firing of Mirta Díaz-Balart" . . . As I cannot conceive you could have ever appeared as an employee of said Ministry, I think that you should immediately initiate a criminal suit for defamation against that man, led by Rosa Ravelo or any other attorney. Maybe they have falsified your signature or maybe someone has been getting paid in your name, but all this could be easily demonstrated. If such situation were the work of your brother Rafael, you should insist without any possible alternative that he clear up this question publicly with Hermida—even at the cost of his office and even his life. It is your name that is in play and he cannot evade the crucial responsibility he knows he has to his only sister, orphan of mother and father,[1] and whose husband is imprisoned.

Do not fail to give the article to Miguel Quevedo, now with more reason than ever. Act firmly and do not hesitate to face up to the situation. Ask Luis Conte for advice; I am also writing a few lines to him. I understand that your pain and sadness are great but count unconditionally on my trust and affection.

Fidel

P.S. I just saw (Sunday, 9 A.M.) *Bohemia* magazine. The piece is well done. Let us hope Miguel receives you again.

Note to Letter VI.
1. Mirta's mother was deceased at this time, but her father, Rafael Díaz-Balart, was Minister for Transportation under Batista; her brother—same name—was Deputy Minister of Governance [interior].

VII.

Isle of Pines, July 17, 1954

Luis Conte:

I have just heard on C.M.Q.'s 11:00 P.M. newscast that "the Minister of Governance has ordered the firing of Mirta Díaz-Balart" . . .

This is a plot against me: the basest, most cowardly, most indecent, vilest, and intolerable scheme.

Mirta is too level-headed to have ever allowed herself to be seduced by her family, agreeing to appear on the Government employee roster, no matter how hard her economic situation. I am sure she has been miserably slandered. The nature of this problem is so sad and difficult that I can barely contemplate it. I am ready to clear this up and will do anything to take action against this cowardly insult. I want you to speak to her brother Rafael, and ask him to explain what responsibility he may have; make him see the seriousness of the issue and how shameful and wicked it is.

Only a queer like Hermida, at the lowest degree of sexual degeneration, would resort to these methods, of such inconceivable indecency and unmanliness. Now I have no doubt that the false statements put in my mouth about being well-treated were his doing.

I do not want to become a murderer when I leave prison.

Has a political prisoner no honor? Ought a political prisoner be offended in this way? Shouldn't a prisoner be allowed to challenge someone to a duel when he leaves prison? Must he graze on the bile of infamy in the impotence and despair of confinement?

I ask you to help me in this and that you act in my name, exactly as you would if you were in my situation. Now rage blinds me and I can hardly think. I authorize you to make as many declarations and decisions in my name as you deem necessary. I am ready to challenge my own brother-in-law to a duel at any time. It is the reputation of my wife and my honor as a revolutionary that is at stake. Do not hesitate: strike back and have no mercy. I would rather be killed a thousand times over than helplessly suffer such an insult!

Fidel Castro

VIII.

Isle of Pines, July 22, 1954

My dear and loyal sister,[1]

Yesterday afternoon I received your letter. I'm replying to you quickly but briefly because I do not feel much like writing.

Don't worry about me; you know I have a heart of steel and that I will be stalwart till the last day of my life.

Nothing has been lost!

Accept a strong embrace from your brother,

Fidel

Note to Letter VIII.

1. This letter, as well letters XII, XIII, XIV, XVII, and XXI are addressed to Castro's older half-sister, Lidia Castro Argota, a dedicated *fidelista,* who died in Cuba in 2003.

IX.

Isle of Pines, July 31, 1954

Luis,

I do not have to tell you how much I have suffered these days under the effects of a new pain, unknown and awful, one thousand times more distressing and despairing because of my cruel confinement behind bars, which seem more damned than ever. You know better than anyone how it is because of your deep human understanding and the nobility of your spirit. With more feeling and sincerity than ever, I write to you as a brother in whom I have invested the highest degree of appreciation and affection. I cannot write this under these circumstances without manly tears in my eyes.

I want to put my situation in your hands; I trust you more than anyone and I expect you to help me. The question at hand, Luis, is whether I can continue to defend and represent a cause or whether I shall be vilely, ignominiously, and brutally destroyed. If you believe that my name and my personality could be useful to Cuba, I ought to be free of any suspicion; otherwise, I will be cruelly and criminally stained.

I do not overlook the difficulty of my circumstances or the complex of cowardice, confusion, and mediocrity that infects the environment. The problem is delicate, but we must face it with valor, decisiveness, and intelligence. All the human factors—above all, innocence—are in my favor in this case and it can be proven overwhelmingly. You are the only one who can prevail. My sister Lidia, the only person who can take the initiative in my favor, will be entirely ready to do as you decide.

I never imagined that Rafael could be such a scoundrel and that he had become so corrupted; I cannot conceive how he could have so pitilessly sacrificed the honor and name of his sister, exposing her to eternal unhappiness and humiliation. Take no heed of his mean and miserable threats; my life is very free of questionable ways and I do not fear scandal.

They have almost destroyed each other, Rafael and Hermida. Luis, it is now our duty to complete the destruction! I am enclosing the text of a letter I want Lidia to address to you that you may read in your program. It is my idea, you can fix it as you judge best. As you can see, it is not a question of defending me by heaping more disgrace on Mirta—such a thing would be unworthy of me—but of focusing on the problem as it is: the product of an appalling intrigue that has been simmering for a long time. Lidia must have told you of the indecent way Rafael threatened her. She said that if I had not yet vomited blood, then I surely would now. How it pains me to hear these things in prison, where I can do nothing! If they do not accept the challenge they will be conceding that I am right. If they accept, they have lost. I know why I am saying this to you. If they react with further attacks, Lidia's best argument is to point out that they are attacking someone who cannot defend himself. I am also enclosing a synthesized and quickly written report about the essential content of the officials' visit. Because it is newsworthy and offered in exclusivity, Enriquito could publish it in the section, "In Cuba."[1] The fact that a [government] Minister has come to give me an apology in no sense harms my case. The contents of the report should not be revealed until it is known if they accept the dare or not.

What do you think of the hatred that Rafael is fueling against us in the army? We must cut him off. If Hermida had wanted to destroy him, it would have cost him nothing, particularly because he might have been suspected of helping the enemies of the regime with a job.

Lidia will give you the word, the manner in which I spoke about you. I told my brother [Ramón] to go to see you, and to do what you tell him.[2]

As for me, I want to lay out the plans I am making. My reason for living is that I believe that I have duties to fulfill. In many of the terrible moments that I had to endure this year, I contemplated how much easier it would be if I were dead. I hold the 26th of July above my own person and the instant I realize that I can no longer be useful to the cause—for which I have endured so much—I will take my own life without hesitation, even more so now that I no longer have any private goals to achieve. What little I have achieved through infinite sacrifices and noble ideals cannot be destroyed by destroying my name. I have thought about this many times in private and for the first time I confess it to someone—you—in whom I have acquired so much faith and affection in this year of terrible woes, a year that seems like one hundred years. Through our adversity, you have known how to understand us and help us better than anyone; my affection is that of each and every one of my comrades. This means that we shall be forever united when free. Starting now, you have our full support to prepare the path for what needs to be done. I know perfectly well that we owe an immense part of our historical place of enormous and selfless sacrifice to you. Without you, many would still be silent.

Never have I asked for anything and not seen my faith rewarded with the best fruits; I know you will do what is best—you who are on the outside—and that is why I leave everything in your hands. I repeat: do not be afraid of Rafael's little intrigues and bluffs.

It is difficult to keep the mortal hatreds that seek to invade my heart at bay. I don't know anyone who has suffered more than I have in these past days; they have been a terrible and decisive test, capable of extinguishing the last ounce of kindness and purity in my soul. But I have made a pledge to myself that I will persevere until death. After this, Luis, after weeping and sweating blood, what is left for one to learn in the school of sorrow?

Accept the most brotherly embrace of Fidel.

Notes to Letter IX.

1. Enrique De la Oza [Delahoza], editor of the "In Cuba" section of *Bohemia* magazine.

2. Ramón Castro Ruz, Castro's older brother, known as Mongo.

X.

[undated]

Luis:

Enclosed is the text of the most essential part of the interview with Hermida.

I was in my cell at approximately 1:15 P.M., lying down in my underwear reading, when a guard called for my attention. Without giving me time for anything, in comes the warden with two gentlemen dressed in white linen suits. The warden says,

"Castro: Misters Gaston Godoy and Marino López Blanco[1] want to meet and greet you." I replied, "Well, I should have been told a minute earlier so I could be dressed." "Also we want to know how you are being treated," López Blanco said. I replied, "There have been many difficulties, but I never thought prison was a tourist hotel or a palace." The dialogue went on for the next five or six minutes about unimportant things until they said goodbye. As they were leaving, the warden said, "Castro, the Minister of Governance is here and wants to greet you, but . . . he doesn't know how you will receive him." I replied, "Comandante, I'm not some spoiled boy capable of an act of rudeness. Now, because I was offended by some of the Minister's statements, if I speak with him it would only be to ask him for an apology." The warden said to me, "I think it would be best if you do not bring up that issue." "Then, Commandant, it would be best that I not see the Minister," I replied.

Despite this, five minutes later the guard called for my attention again. Now the Minister of Governance himself entered and with the greatest cordiality extends his hand to greet me. The first thing he says was that he "remembers meeting me in the funeral home when Cossío del Pino died."[2] Immediately thereafter, he says—as if reading from a script: "Castro, I want you to know that I am not a personal enemy of yours; neither is the president. I have nothing against you; I am simply an official who performs the duties of Minister of Governance. You are prisoners here because you were sanctioned by the courts, and my mission is simply in this case to oversee the running of the prisons, ever mindful of the wishes of the president."

Then he added, "Batista is a very fair man. In the past twenty years I have not seen him be rude to anybody, not even raise his voice; I admit I am not like that and people say I am a bit brusque."

The warden interrupted him to say, "Every time I see the president he asks me about the political prisoners and tells me, 'Comandante, treat them gentlemanly, because they are gentlemen.'"

I was listening to all this in silence and then said, "For my part, I have never considered the struggle a personal contest, but rather as combat against the political system in power." And immediately added, "I have been extremely hurt by your statements, which put my moral integrity in doubt. If a close relative of mine is also related to high officials of the regime, and these officials, without my will and awareness, make that person appear on the roster of a Ministry, you should never have used that circumstance to attack my home and put my good name in question. I am imprisoned and cannot defend myself. I cannot even prove my absolute innocence in this matter, not even demand responsibility from those officials who, making use of their family ties, have proceeded so unjustly against me. All the millions of the Treasury could not tempt me! Why, then, attempt to question my honor?"

The minister then said to me, "Look Castro, I know the fault is Rafael's, who acts like an irresponsible brat; I assure you on my honor that I had no intention to attack you and that the note you mentioned was altered and appeared in a different form than from what I did. As to your name, what doubt could there be? No one in Cuba has a more defined position than yours. Don't grow impatient; I too was a political prisoner in 1931 and 1932. I stationed myself in the Country Club to make an attempt on Machado and Ortíz;[3] you are a young man, have patience, this too, shall pass."

"Then, well, Minister," I replied, "I accept your explanation, although I reserve the right to resolve and completely clear up this problem when I am free. Nevertheless, I recognize that it has been good of you to repair the harm, at least in part. I hope you understand that the only time when there is no excuse for humiliating a man is precisely when he cannot defend himself, especially by attacking his family. The Cuban people are valiant and wholeheartedly detest such actions."

Insisting once again that I should not grow impatient and that I should remain calm, he said goodbye and left. At all times he kept the most cordial attitude. It lasted only 15 minutes.

Luis, you should judge how useful it would be to publish this interview. I repeat that you should act as you deem it most convenient; I am simply leaving the material in your hands.[4]

Fidel

Notes to Letter X.

1. Gaston Godoy and Marino López Blanco, members of Batista's Cabinet.

2. Alejo Cossío del Pino, former congressman of the Authentic Party, murdered when Carlos Prío was president.

3. Gerardo Machado y Morales, president and dictator of Cuba, 1925–1933. Arsenio Ortíz was a much feared police captain during the Machado regime.

4. Conte Agüero read this letter on the radio and had it published in the *Bohemia*.

XI.

Isle of Pines, August 14, 1954

Dear Luis,

I received your letter. On private matters I have already made my decision, which I must take as a man who places duty to the homeland and the love of its ideals above all other sentiments. Thank you for advice when I needed it so much.

I shift now to the essential issue of your letter, "the civic movement that is becoming a historical imperative."[1] I agree wholly with you regarding that necessity; you cannot imagine the long hours I have meditated on this and innumerable other ideas, based on my experience of the last few years.

I fundamentally believe that one of the greatest obstacles to the creation of such a movement is the excess of personalities and ambitions of groups and leaders. It is difficult to compel each man of value and prestige to give himself to the service of a cause, a vehicle, an ideology and a discipline, forsaking any vanity or aspiration. You tell me you have not ceased "gathering support." The similarity of the situation reminds me of Martí's efforts to gather all good Cubans in the struggle for independence; each one had his history, his glories, his feats; each one thought he was more entitled that the next—or at least just as entitled as the others. Only a labor of love, understanding and infinite patience of a man who has less glory than the others could make the miracle happen. I am sure that without that magnificent effort, Cuba would still be a Spanish colony or a Yankee dependency. Perhaps that is why I am most in awe of the pages of Cuban history that deal not with battle-field feats, but that gigantic, heroic and quiet endeavor of uniting Cubans for the struggle.

This is my view on the subject and I have repeatedly com-municated to you that I do not hold the slightest personal ambition—nor do my comrades. Our only standard is to serve Cuba and to redeem the sacrifices of our dead brothers. Because of its importance, any step we now take should be dis-cussed and agreed upon by majority opinion—it should be unanimous—on the part of all my comrades. Discussion and exchange of ideas is complicated for me but, nonetheless, we are staying in contact and I will send them your letter. I do have doubts, Luis, about the appropriateness of our contribution now, or whether it would be more effective after our release, which I think might be possible if we fight efficiently. First, I should organize the men of the 26th of July Movement, forging all the fighters into an unbreakable weapon, including those in exile, in prison or at large; they number more than eighty young men, all cut from the same cloth of history and sacrifice. The importance of such a perfectly disciplined human nucleus constitutes an incalculable asset in the formation of cadres for insurrectional or civic organizing. Of course any great civic-political movement ought to have sufficient force to conquer power, either through peaceful or revolutionary means, or it runs the risk of being run over, as happened with the Orthodox [Party] just two months before the elections.

The task of uniting all of our partisans should come before-hand; it would be regrettable if we failed to persuade everyone and this caused considerable fragmentation of our forces. As a result of the experience acquired in the period leading up to the 26th of July, I can assure you that a tested and trusted youth is worth one thousand regular men, and that the most arduous and timely task is to find the finest and prepare them so their initial presence provides the decisive drive. Starting now we can multiply our forces and by strength and discipline unite with other kindred forces to form the tide required to drown the current political system. Those who think they have the necessary qualifications by themselves will be contributing to a greater fragmentation of the moral and humane character of the nation and perpetuating petty and ineffective habits of struggle, unworthy of an intelligent and capable people. This would make it impossible to crush the negative forces and the entrenched interests so solidly bound together.

Conditions indispensable for the integration of a true civic movement are ideology, discipline and leadership. All three are essential but leadership is basic. I don't know if it was Napoleon who said that in battle a bad general was worth more than twenty good ones. No movement can be organized if everyone thinks they have the right to make public declarations without consulting others; nor can anything be expected if it is constituted by unmanageable men who, at the first disagreement, take the path they deem more convenient, tearing apart and destroying the movement. The apparatus of propaganda and organization should be so powerful as to implacably destroy anyone trying to create fissures, cabals, and schisms or to rise against the movement.

The realities of politics should be taken into consideration; we should have our feet planted on earth but never sacrifice the greater reality of our principles.

The program should encompass—amply, boldly, and concretely—the serious socioeconomic problems facing the nation and deliver a truly new and promising message to the masses. I know that not even God could create all the wonders of the world in a single day, but we should start by creating a base that will lead to such results. For this reason above all, Luis, we should not waste our energies, improvising and integrating instead of creating and founding, so that our movement will not collapse during the first crisis, as the Orthodox movement did.

I have gone on about these general considerations so you may know my thinking and the early steps I consider necessary for us to take. I will try my best to obtain a visit from you this coming week. In any case, due to the immense faith we have in your ability, in your civic spirit, in your loyalty and in your proven qualities as a fighter, it is almost unnecessary to tell you that for any honest and noble campaign where you figure as a guide and a guarantee of its impeccable revolutionary and patriotic ends, you can count on us as the front line.

A strong embrace from your brother,

Fidel

Notes to Letter XI.
1. Refers to the letter where Castro is informed of Conte Agüero's efforts to rally popular support for an amnesty for political prisoners, linking it to the resistance movement against Batista's regime.

XII.

Isle of Pines, October 25, 1954

Dear sister,

As a man of my word, I am keeping my promise to write to you today, and I am doing it although I am tremendously sleepy. Last night I stayed up until 1:30 A.M. listening to the last political meeting of the campaign in Oriente via the Oriental [Radio] Network. Perhaps you heard it or it was relayed to you. I carefully studied the crowd from a psychological point of view, and the reaction that occurred there is a phenomenon without precedents. What a formidable message to the top hierarchy gathered there! How loyal are the men of our province! I heard Pedro Emilio,[1] he did not do badly. I think he could be successful. From here I can't be certain; it all depends on a series of unknowns. Even though this time we had to wait three weeks for the next visit, we've been kept entertained observing the hustle and bustle of the political scene. One learns more and gains more experience observing from a distance. How lucky to see the bulls from outside the bullpen! Do you remember when I, too, was involved in political campaigns? Well it's better to take siestas here in the Isle of Pines!

In the telegram this morning I emphasized the matter of getting books; don't think I am trying to pressure you; it is not always easy for the one outside to understand the state of mind of the prisoner. The weeks are long and only an entertaining book can shorten them. Although I have plenty of books here, they don't always pertain to my interests at any given time.

We got the things you left in the last visit. We still have three bananas. Two or three days ago, Chucho's mother[2] sent us a small tin with fried pork meat and pork rinds.

I almost forget to tell you that I received your last letter as well. Do not ask me to tell you what foods we want. Answer: Anything. We rarely have specific cravings. On the other hand, everything we get, we eat with gusto; nothing is wasted. As I will be writing you before the visit, if I think of something, I will let you know.

Do not forget to write me a few lines once in a while.

Greetings to your mother, to Emmita, Mima[3] and for you, an embrace from your brother,

Fidel

P.S. Raúl says he will write tomorrow.

Notes to Letter XII.

1. Pedro Emilio Castro Argota, Castro's older half-brother, at this time a candidate for Congress but withdrew before the election. Died in Cuba in 2001.

2. Chucho, Jesús Montane Oropesa became an important official in Cuba under Castro.

3. Mother was Maria Luisa Argota, Castro's father's first wife, mother of Lidia and Pedro Emilio. Emmita, Emma Castro Ruz, Castro's younger sister. Mima, the Castro family nanny. Emma Castro Ruz lives in Mexico with her family but remains close with her brothers.

XIII.

Dear sister,

It's been two or three days since I received your letter, and I suppose you have also received three letters I've sent.

Some of the things you were interested in knowing, I have already addressed in the others.

It makes me very happy what you tell me about the divorce; above all that it will be done following my strict instructions. About the boy, I remain unchanged in my point of view, and at the first opportunity—immediately after the filing—will press the court to force his return to Cuba to attend school, consistent with my thinking. Such a deep abyss separates me from these people [the Díaz-Balants] that I resist even the thought of my son sleeping for one night under the same roof that shelters my most despicable enemies and receiving on his innocent cheeks the kisses of those miserable Judases. I have endured their aggressions with the same strength I will use to demand compensation from them; I have suffered the unjustifiable and unforgivable absence of my son with the same resolve with which I shall rescue him at any cost. They know it; at least, they should know it! I presume they know that to rob me of that boy they will have to kill me. And not even then.

I lose my head when I think of these things.

I am expecting you on Saturday. I send you an embrace from your brother,

Fidel

P.S. Forgive the speed with which I write of these lines, using a plank for support.

XIV.

Dear sister,

Yesterday, Pelayo and José Manuel[1] were here. The time granted was really very short (half an hour), all of which—almost—I used expressing, justifying, and advocating my point of view. As a final proposal, rather, in response to the other side I said that I would agree to mutual dissent if they first bring the boy and enroll him in a school of my choice, under my custody. Otherwise, I would bring a lawsuit without further delay.

Both Pelayo and José Manuel were very affectionate with me. They tell me that the other side's counter claim could be successful based on the fact that I find myself sanctioned by an act of a court of justice. I answered, if that is the case, far from worrying me, it would be an honor if a court ruled against me using its rationale the very worthy motives that have brought me to prison. Such a ruling would reaffirm my principles and my tireless purpose of struggling until death to live in a more respectable Republic. For their part, they would be compelled to commit one more crime, one more act of infamy. I told Pelayo very clearly that I would not mind losing the case legally if I could win it morally. Therefore, I remain intransigent. I am enough of a gentleman to avoid a bitter contest if my kidnapped son is returned to me. I have decided to carry on this bitter legal action wherever it leads if they persist in the foolish fantasy that I would allow them to educate the boy to live as a parasite, without a homeland, without honor, and without principles.

They, for their part, have been on the defensive for quite some time. They thought they could easily take advantage of the situation and have now begun to see their string of stupidities. From their heights they thought all inequities were possible; now they are growing afraid. Let the responsibilities for their conduct weigh on their consciences—the inhumane and vile conduct they have displayed in everything!

They have provoked all of this. Life will show them! I do not want to vent all my frustrations. I will be free one day and they will have to return my son and my honor, even if the earth shall be destroyed.

I am writing on a plank: forgive the script and presentation. Yours, with the strong embrace of your brother,

Fidel

P.S. Don't forget to write once in a while; that's why you have Emmita as a secretary. Regards to Mima, Aspiazo, Alejandro, Angelita P. and the others.

Note to Letter XIV.
1. Pelayo Cuervo Navarro, respected attorney and public figure, murdered by Batista's police in 1957. José Manuel Gutiérrez, attorney.

XV.

Isle of Pines, December 16, 1954

Mr. Guitart,[1]

It is hard for me to begin to address you, to find the word that expresses at the same time my gratitude, my emotion, my deep appreciation for your letter, so heartfelt, so kind, and so full of paternal and loving affection. You address me as 'dearest Fidel.' What might I call you? Few times in my life have I felt as honored, or felt so encouraged to be good, to be decent, to be loyal until the last instant of my existence as when I received your lines.

That long embrace you mention and that one day I will give you with all my heart, how I wish it were under other circumstances! Without the cruel physical absence of Renato, without the bitter resentment of adversity, where everything turns against you and you can only be sustained by conviction and faith. So it is in these circumstances that you approach me and amply and generously open the doors of your affection. I recognize in your gesture the kindness and nobility of a worthy father of a son who was so worthy of you.

Moreover, I will not speak of him as if he was absent; he has not been and he will never be. These are not mere words of consolation. Only those of us who feel it truly and permanently in the depths of our souls can comprehend. Physical life is ephemeral, it passes inexorably. As have passed so many generations of men, soon each of us will pass as well. This truth should be taught to every human being, that the immortal values of the spirit are above physical life. What sense does life have without these values? What then is it to live? Those who understand this and generously sacrifice their physical life for the sake of good and justice—how can they die? God is the supreme idea of goodness and justice. Those who fall for these causes on the soil of the motherland will go to God.

I admire the courage, forbearance, and greatness you have shown and the enormous sacrifice on your part to the ideals of your son. Because he offered himself and you offered him, your courage in the face of sorrow is as heroic and generous as his was in the face of death. He would be so proud of you; just as you have so many reasons to be eternally proud of him. My desire for Cuba from the innermost depth of my soul: to always have men like you and him.

I will never give you reasons to regret those handsome lines you wrote, which I will appreciate forever and always safeguard. I hope that in our affection and above all in our conduct you find solace for your sorrow. As with you, also with your wife. I know she is a spartan mother; like you, she is filled with forbearance, kindness, and faith. "The son who departs from the earth will remain in the soul of the mother."[2] Take to her our deep and devoted affection. Also tell your daughter that in us she has many brothers.

Words are superfluous when emotion seeks to speak; it is necessary to divine what one feels and cannot express, even if one could. You will understand mine as I understand yours. Renato is and will be perpetually present among us as he will be in the hearts of all Cubans. He embodied idealism, dignity, character, and set an unforgettable example. He knew that those who fall for the cause will never die.

Yours,

Fidel

Notes to Letter XV.

1. René Guitart, father of Renato Guitart, who died at the Moncada Assault.
2. Phrase from a poem by José Martí.

XVI.

Isle of Pines, February 17, 1955

My dear friend Mañach,

I had wanted to send via yourself a letter to Mr. Goar Mestre[1] making a suggestion that perhaps, for reasons I will explain, he might take into consideration. I also thought that in the hands of such an illustrious courier the letter would ease the awkwardness of being written by a citizen confined on this Isle who does not even have the honor of being a friend of the addressee. To tell you the truth, I was reticent and apprehensive that this was too forward on my part. I changed my mind at the last minute and decided to make the suggestion to you and, if you think that it is a good idea, for you to pass it on to him. In the end, it is the same thing and I can write to you in full confidence.

The matter is related to the program, *Ante la Prensa* [Meet the Press]. Yesterday I heard on the radio that Mr. Díaz-Balart, leader of the pro-government youth organization, had been invited [to speak]. It piqued my interest as I had noticed that young people are never invited on that program. It is not necessary to tell you that I was happy at the bit of innovation even though in this case it involved a government supporter and adversary of mine.

I thought it established a magnificent precedent and that

certainly for the next interview, CMQ Television—following its consistent policy of impartiality and balance—would invite to this event another voice to express the opinion of the opposition among youths. Without any doubt, the youth who oppose the government constitute the immense majority of our generation. It is then that it occurred to me to suggest a young person who, in my view, fulfills all the challenging standards for appearing on the program, which you chair with such high public standing and accredited responsibility. This person fits very well; otherwise, I would not have dared suggest him. I am referring to Luis Conte Agüero. I need not tell you about him because I am certain you esteem him as much as I do and perhaps as much as he and I esteem you.

If CMQ Television does, in fact, decide to invite a young oppositionist, Luis Conte has no rivals at the moment. The slogan of the network is to provide a voice for "all responsible opinion," which means that it requires, above all, responsibility, ability, and prestige. Luis has just engaged a polemic with one of the highest figures of the regime[2] and because of his elegant style, dignity, and responsibility, he has received the unanimous praise of all sectors of the press.

One could contend that he is, without a doubt, the most prestigious and intellectually capable young leader in the republican cause. He anchors daily shows on radio and television; he is always invited to patriotic celebrations held by numerous and prestigious civic and social institutions; he is a graduate of Philosophy and Letters with magnificent grades and a brilliant graduation thesis. He is mature beyond his years, with a solid understanding of culture. He has already written a biography of Eduardo Chibás, which is at the printers and will certainly be well received. But above all, he is one of the most honest young politicians we have nowadays and his popularity is undeniable. It should not be held against him that he is not an elected official; rather, it speaks in his favor. Luis Conte's appearance would give voice to a large sector of our youth and—if in some measure this can be in his favor—he counts on our sympathy and our gratitude. This is because, he, like you, has been one of the most forceful advocates of our freedom. I am sure the people will be pleased with this invitation. It would be the right thing to do. Do you not think these merits would have some weight in the thinking of a man as powerful as Goar Mestre?

It is impossible for me to write one more line today. The visitor is almost here and I am writing in a hurry as I want to send this without the irritating filter of censorship. I promise to write for the next visit, as I have many things to tell you and to thank you for. I received your very kind postcard. Do not take it to heart that I have not written more frequently, I just cannot stand the examination of censorship. You can count on my unchanging affection; greetings to your wife and to your son, and accept the embrace of,

                                                                    Fidel

---

Notes to Letter XVI.

1. Goar Mestre, owner and chief executive of CMQ radio and television, went into exile.

2. Refers to Dr. Rafael Guas Inclán, Vice President of the Republic, 1954–1958, went into exile.

XVII.

Isle of Pines, March 13, 1955

Dear sister,

Today has been a quiet and peaceful Sunday, although the week has been busy with details and worries of every kind. Although it is already 11:00 P.M., with some regret I set aside an interesting book I was reading to write you a few lines as I had promised myself. My better hours are those in which I forget all that exists in the world and I refocus on the effort of learning something new and useful even if it is just to better understand humankind.

Even though I always want to converse with you, I prefer to wait for visiting days.

Today I am particularly interested in telling you that on Saturday, the 6th, I sent a telegram to some young men who were organizing a radio-meeting on *Onda Hispano-Cubana* in favor of our freedom. As these communications are liable to suffer some modifications, I am sending you an exact copy of it for the record; there happened to be no electricity in this cellblock all morning so I couldn't hear it. It read:

> Our profound gratitude to you and your enthusiastic comrades who have spontaneously made our freedom your cause. It is not the goal that we appreciate the most—we can endure prison by holding our heads high—it is your gesture of civic devotion

that gives us comfort. Serene and firm, free of impatience or fear, we endure our fate today. Tomorrow, our first embrace will be for those who in this hard hour remember us.

Fraternally.

As you can see, I was trying to express my gratitude, not for the goal of amnesty, but for the gesture of directing their thoughts to those who have been largely forgotten here. I tried to do so delicately so that it wouldn't be perceived as a snub. I understand that there are many who could be worthy of such words, but I, too, make gestures, and in this case with my characteristic spontaneity, for these young men I hardly know, who have been speaking out for us week after week. I do not care what group or trend they belong to! I am tired of so much intrigue and pettiness! Just the same, I am not asking, nor will I ever, for amnesty. I have enough dignity to spend twenty years in here or die of rage beforehand. Well then, allow me at least to be courteous—and even once in a while let me tell people to buzz off and to hell with those loudmouths who are always looking for a pretext to test one's patience.

Bring Fidelito to me. Receive my embrace,

Fidel

As by luck, I ran out of paper as I was picking up momentum, I add this addendum to remind you (although it is not necessary) to bring Fidelito's gift in case you are able to come with him. If they don't allow you to do this, they'll never hear the end of it from me. I hope they're not looking for a fight because I am not in a good mood!

Regarding the copy of the telegram that I am sending you, it is exact, without adding or subtracting a period or a comma. I do not plan to send another.

I return to the subject of Fidelito. This time he is going straight to school.

Yesterday, I sent Pelayo a telegram in reply to a special delivery from him informing me of difficulties arising from their reneging on a condition on which we agreed upon beforehand. This has caused a radical change in my attitude; Pelayo will surely agree because he was very disgusted by what they did. I asked that he demand that the boy begin school April 1st; it is humiliating and intolerable to permit him to live with them [Díaz-Balarts]. Otherwise, he should immediately present a second demand making use of the evidence he has. As soon as I receive a reply agreeing to my proposal, I will write José Manuel to carry out an assignment I will give him when he visits here; the objective of it will be to defray the pertinent expenses. In this case we could send him to the school you told me about in the last visit.

This time I do not want my position weakened by not having everything ready. I do not know how you reacted in light of these new difficulties, but, for my part, I tell you that I am ready to do whatever is necessary and I do not care one bit if this battle drags on till the end of the world. If they think they can exhaust my patience, and that I am going to concede, they are going to find that I am wrapped in Buddhist tranquility and am prepared to reenact the famous Hundred Years War—and win it!

To these private matters, add my reflection on the political scene and it will not be difficult to imagine that I will leave this prison as a man of steel.

This is the most disorganized letter I have ever written. I'm letting you know that there are no edits—unless they do some along the way, which I don't expect they'll do.

Bring me some grapefruit to refresh myself. Until Friday!

Fidel

XVIII.

My Dearest Guitart:

I am enormously embarrassed. First, I spent many days waiting for the visit of Luisa, Pedrito's mother.[1] I was able to pass word on to him so that he could relay it to you through her. I was letting you know that I had received all your letters and Renatico's portrait. The other guys saw the photo and also all the letters. Likewise, Pedro has sent me yours to him. My face was red with shame when I read your wife's last letter, in which she presumed that the photo had been lost. I realized then that my verbal message had not reached you. I also explained that I had not written again because I have ascertained that they make copies of each letter I write (except this one because they will not get the chance!). Of course, because of the censorship, I carry on very little correspondence, and that is exclusively of a personal nature. But aware of this circumstance, which is that I know neither where the copies of my letters go nor how they are going to be used, I thought it more prudent not to write you again. I distrust the ineptitude of the officials here, who might view even such a kindred and humane correspondence as yours and mine as suspicious.

Even though you are loved, esteemed and respected in that

city [Bayamo], why assume that they would not be capable of making trouble for you if they detect frequent correspondence with me? Of course it is not probable, but even so, I thought it was my duty to be prudent.

So we may not be without news of each other, I am sending you my sister's address (Lidia Castro, 23 St. #1352, apt. 33, Vedado); she comes to see us every 15 days. I have told her much about you and your loving letters and she intends to write you regularly.

I expect you will receive this one in the mail, but without censorship. I will not be at peace until I have a feeling that it is in your hands (although not too presentable for obvious reasons). You should have the satisfaction of knowing that all your letters, (including the last one, dated the fifteenth of the current month), and the picture are in my loving care, here, where all of you are loved with all our hearts.

Do not think for a second that I could neglect to reply to a single one of your letters; I would consider myself the most ungrateful of sons with the most generous of fathers.

The guys [*moncadistas*] became very emotional when they saw your letters and the picture. They do not let you know about it because it is presumed that there is not the slightest communication between them and me; for example, any allusion that Pedro made to you would reveal to the censors that we do, in fact, communicate. But they all have received the comfort of your letters.

I will not write to you any more today. I repeat what I told you in my earlier letter about the genuine love with which we always remember Renatico, of whom I shall always have so much to tell.

With heart in hand, I feel the certainty, the blind faith, that we shall never be an atom apart from the duty and the love of the sacred cause that has united us for eternity. I do not know if our ideals will be achieved some day, but I do know that we will be faithful until our final breath.

Greetings to your children and to your fine and valiant companion whose elegant letter I read yesterday, and please receive the strong embrace of your,

Fidel

Note to Letter XVIII.
1. María Luisa Prieto, mother of Pedro Miret, (Pedrito).

XIX.

Isle of Pines, March 1955

Dr. Luis Conte Agüero

My dearest friend:

To be a prisoner is to be condemned to silence, to hear and read everything spoken or written and not be able to speak out, to endure the attacks of cowards who take advantage of the circumstances to fight those who cannot defend themselves and to make accusations that would merit our immediate response, were it not physically impossible.

We know all this must be endured with stoicism, serenity and valor, as part of the sacrifice and sorrow a true ideal exacts. But there are times it is imperative to overcome all obstacles because keeping silent damages our dignity. I do not write these lines in search of overblown applause. It is not the sort of theatrical gesture that those who simply and naturally fulfill their duties reject. I do it for rectitude of conscience and for the consideration, respect, and loyalty I owe the people. And when I address the people of Cuba to express my opinion (which I will not for any reason of convenience hold back) on a problem that affects us directly and greatly engages public attention—political amnesty—I want to do so through your role as a brother more than a friend. I want to do so through your civic-minded *Tribuna Libre*,[1] begging you to make my statements available to other equally honorable media of the radio and the written press.

The awareness that an immense part of the citizenry has shown in favor of our freedom is born of an innate sense of justice on the part of the masses and of the profoundly humane sentiment of a people who are not and could not be indifferent. Around this already undeniable sentiment an orgy of demagoguery, hypocrisy, opportunism and bad faith has arisen. To discover what we political prisoners think about all this is perhaps the question that thousands of citizens and maybe even not a few characters of the regime have asked themselves. Interest grows if, as in this case, it is about the Moncada prisoners, excluded from every amnesty, objects of all vindictiveness, key point to the whole problem; I do not know if the most hated or the most feared . . .

Some spokesmen have said, "even those from the Moncada will be included."[2] We cannot be mentioned without the "even" with "included" or "excluded." They doubt, vacillate and know for certain that if they took a survey, 99 percent of the people would agree, because the people are not easily fooled and the truth cannot be kept hidden from them. But they are not sure what the other one percent in uniform thinks; they are afraid to upset them and they have good reason to be afraid because they have been poisoning the soul of the military, falsifying the facts, imposing prior censorship—for ninety days—and the Law of Public Order so what happened there would never be known, nor acted humanely in combat and who carried out acts that one day history will remember with dread.

What strange conduct the regime has followed with us! In public they call us murderers and in private they categorize us as gentlemen. In public they fight us vengefully, in private they come with their top brass, give me a cigar, offer me a book, everyone very courteous. Another day three [cabinet] ministers show up, smiling, amiably, respectfully. One of them says, "Do not worry, this shall pass; I, too, set many bombs and prepared an attempt on Machado at the Country Club; I, too, was a political prisoner."[3]

The usurper celebrates a press conference in Santiago de Cuba and states that there is no public opinion in our favor. Days later an amazing thing happens: the people of Oriente— during an event for a [political] party to which we do not belong, the largest mobilization of the campaign, according to the press—shout out our names incessantly, calling for our freedom. It was an amazing response from a brave and loyal people who know the story of Moncada well.

Now it is upon us to respond righteously to the moral challenge made by the regime that amnesty will be granted if the prisoners and exiles desist in their defiance, a compromise amounting to tacit or expressed acquiescence to the Government.

Once the Pharisees asked Christ if tribute should be paid to Caesar. The answer, they thought, would make him look bad to Caesar or to the people. There are Pharisees of all ages who know this ploy. Thus, today, they aim to demoralize us before the people or to find a pretext to keep us in prison.

I am not in the least interested in swaying the regime to enact an amnesty. This is not at all my concern; what I am interested in is demonstrating the falsehood of its positions, the insincerity of its words, the base and cowardly maneuver that they are carrying out against men who are in prison for opposing the regime.

They have said that they are generous because they feel strong when, in fact, they are vengeful because they feel weak. They have said they hold no hatred yet they have brought it out against us as hatred has never before been employed against a group of Cubans.

There will be amnesty when there is peace. With what morality can men who have spent the last three years proclaiming that they carried out a coup to bring peace to the Republic make such proposals? So there is no peace; their coup did not bring peace. Therefore, the government recognizes its lie after three years of dictatorship; it confesses at last that peace has been absent in Cuba since the very day they took power by force.

"The best proof that there is no dictatorship is that there are no political prisoners," they said for many months. Today prisons are overflowing and people are leaving in exile; thus, they cannot say that we live under a democratic constitutional regime. Their own words condemn them.

"For there to be amnesty it is necessary for the adversaries of the regime to desist in their defiance." So they commit a crime against human rights, turn us into hostages, doing the same that the Nazis did in occupied countries. That is why we are today hostages—more than political prisoners —of the dictatorship.

For there to be amnesty *a priori,* a compromise of acquiescence to the regime is required. The wretches who suggest such a thing suppose that those of us who have been imprisoned and exiled to this isle have lost our integrity under the excesses of harshness imposed upon us. From their lucrative and comfortable official jobs, where they want to dwell eternally, they are so morally bankrupt as to speak in these terms to those one-thousand-times-more honorable people buried in the prison's dungeons. He who writes these lines has spent 16 months isolated in a cell but has enough energy to respond with dignity. Our imprisonment is unjust; I do not see why those who assaulted the barracks to overthrow the legitimate

Constitution given to the people could be right, and not those who sought to respect it. I do not see why those who snatched sovereignty and liberty from the people should be right and not those who fought to return it. I do not see why they have the right to govern the Republic against its will, while we, out of loyalty to its principles, wither away in prisons. Search through the lives of those in power and you will find dark deeds, fraud, and misbegotten fortunes. Then compare them with those who died in Santiago de Cuba or those here in prison without stain or dishonor. Our personal liberty is an inalienable right that belongs to us as citizens born in a motherland that does not recognize masters of any kind; we may be deprived of these rights and all others by force, but no one will ever make us accept contentment through ignoble compromise. We will not exchange a single atom of our honor for our personal freedom.

They are the ones who have to make a commitment to acknowledge the laws of the Republic, which they despicably violated on March 10th. They are the ones who must acknowledge the national will and sovereignty they scandalously mocked on November 1st.[4] They are the ones who should promote a climate of serenity and peace in the country they have kept in anguish and turmoil for the past three years. The responsibility weighs on them: without the events of the 10th of March, the combat of July 26th would not have been necessary and no citizen would be suffering political imprisonment.

We are not troublemakers by trade, nor blind partisans of violence if the motherland we seek can be achieved with the weapons of reason and intelligence. No people would follow a group of adventurers who aimed to lead the country to civil war unless injustice is the rule and peaceful and legal means are blocked to all citizens in the civic contest of ideas. We agree with Martí that "it is criminal to promote a war that can be prevented and criminal to fail to promote one that is inevitable." The Cuban nation will never see us endorse a civil war that can be prevented. I repeat that it would be a crime for us—considering the shameful circumstances in Cuba after the traitorous coup of March 10th—not to promote the inevitable rebellion.

If we consider that a change of circumstances and a climate of positive constitutional guarantees demand a change of tactics in the struggles, it would only be to acknowledge the interests and longings of the Nation, but never in virtue of a cowardly and shamefaced compromise with the government. And if that compromise is required to set us free, we roundly say no.

No, we are not tired. After 20 months we are as firm and intact as on the first day. We do not want amnesty at the price of dishonor. We will not be pilloried by depraved oppressors. One thousand years of prison rather than the sacrifice of honor. We proclaim it placidly, without fear or hatred.

If what is needed at this hour are Cubans who will sacrifice themselves to salvage the civic sensibility of our people, we offer ourselves gladly. We are young and have no illegitimate ambitions. Political hacks looking to fulfill personal aspirations by taking up many disguises—while remaining oblivious to the great injustices that harm the homeland— need not fear us.

We do not ask for amnesty; we do not even ask for an improvement of the prison system by which the regime has demonstrated its hatred and spite towards us. As Antonio Maceo said, "From our enemies the only thing we gladly accept is the bloody executioner's block. Other comrades, more fortunate than us, have had the resolve to die with their heads held high and the serenity of spirit of those who sacrifice themselves for the just and sacred cause of the motherland."[5]

In contrast to the shameful subservience of today, the Bronze Titan shall have his spiritual heirs in us, 77 years after his heroic protest.[6]

Fidel Castro

Notes to Letter XIX.

1. *Tribuna Libre*, name of a radio show and newspaper column by Conte Agüero.

2. Refers to response by Prime Minister, Andrés Rivero Agüero to journalist, who had famously asked if "even" the men of the Moncada were included in the Amnesty project. The headline in *Prensa Libre*, Havana's largest daily newspaper, read "Even the Moncada Fighters."

3. See Letter X, refering to Hermida's visit to Castro in prison.

4. March 10, 1952 was the date of Batista's coup. November 1, 1952 was the date of general elections.

5. Antonio Maceo, hero of both wars for Cuban independence, called "the Bronze Titan," died on the battlefield in 1897.

6. Refers to Maceo's refusal to accept the peace treaty of Zanjon in 1878 between the Spanish government and the Cuban insurgents, known as the "Protest of Baraguá."

XX.

Isle of Pines, March 22, 1955

Dear friend,[1]

I am pleased to write you these lines, although they may come as a surprise. Since you told Lidia that you had written twice without receiving an answer, I looked through my Christmas cards, remembering perfectly well that there had been one from you. Despite the chaos of my papers, I had the good luck to find it and reread with heartfelt delight and sincere inscription. I was also fortunate to find that the address was written on the envelope. Very few letters include a return address; this is one of the reasons why neither this year nor last did I feel encouraged to reply. But I assure you that I was infinitely grateful for all of them. I have also heard your public declarations in our favor, and know about your Christmas gifts and other notices. For these reasons, I've had you in mind and every time I hear your name it evokes the tenderness one feels for those who loyally remember us. Believe me, there is a special place in our hearts for those who in this hour offer us the warmth of their sympathies and affection.

If you could only know how poignant in its humanity, elegant in its expression, and generous in these circumstances your gesture felt when it reached me. I need not add anything to embellish words like these, and I only hope you receive them in the same tenor. This is why I respond with such unabashed fondness, allowing myself to be led by the mysterious laws of sentiment.

The inscription on your card was so beautifully written that I have my hopes set on the pleasure of receiving a letter from you soon. The only variant, I hope, will be that you use "tu" instead of "usted." Could this be too much to hope for?

I should add that I do very little writing, as I spend most of the time either reading or listening to the news and commentaries of the day which, as you may suppose, I follow closely.

Today I will be brief. Write me in the same way as if I, more courteous and well-mannered, had long ago answered your two letters, thus carrying on a long correspondence. I reaffirm how much pleasure it will give me to receive your letter.

Affectionately yours,

Fidel

Note to Letter XX.
1. Letter to María Laborde, an admirer of Casto and early supporter of the Revolution. She later had a liaison and a son, Jorge, with Castro.

XXI.

My dear sister,

Out of a sense of duty, I sent you a telegram today explaining the convenience of renting the small apartment we spoke about during the visit. I did so because I saw how excited you were about finding one for $75.00 and I was concerned that my telegram would worry you more than necessary. Regardless, I accept with pleasure whatever you have definitely decided. I was in favor of the first option for a number of reasons. I was thinking of turning one of the two apartments into a sort of office where I could take care of my affairs and leave the other exclusively as a residence for the four of us.[1]

Otherwise, one's home is constantly invaded and it is impossible to have any kind of a private life. As far as I am concerned it is of no importance, but you and Emmita need a place to take refuge where you can do and undo, organize and disorganize, to set up and take away, as all women do, without us men ruining everything. If you don't have this kind of space, you'll end up tired of people and the world. I lived this way, with this kind of struggle, for several years and I know the many small pitfalls of turning a house into an office. I could illustrate with a thousand examples. How I complained about my office in Old Havana being a challenge to get to! Yet, when

I was ensconced there to attend to or study any issue, I felt immensely happy. It was the right place to receive everyone in good spirits even though they came to give me grief or bring me really unfortunate cases, people who had no lawyers or were threatened with being thrown out of their homes, whom, of course, I never charged anything. I didn't have the same feeling when I was ready to leave home—not just to take a walk, mind you—and someone would come and distract me with some trivial matters. There were cases of overly-sensitive people who became annoyed when I could not give them all the attention they expected, although, fortunately it was only a few times because I am a true stoic in enduring impoliteness. I understand that these little things can never be totally avoided but it is essential to reduce them to a minimum, and it is only possible by creating habits and self-regulating our activities, even though I have bohemian temperament, which is unorganized by nature. Apart from that there is nothing more agreeable than having a place where one can flick on the floor as many cigarette butts as one deems convenient without the subconscious fear of a housewife, vigilant as a sentinel, setting the ashtray where the ashes are about to fall. Also one terrorizes others with the idea that they are going to burn a sofa or a curtain. There are in the end two incompatible things, domestic peace and the agitation surrounding a rebel. To separate them where possible is thus a sensible thing.

Regarding material comforts, if it were not essential to live with a minimum of material decency, believe me I would be happy living in a tenement and sleeping on a cot with a box in which to keep my clothes. I could eat a plate of *malangas* or potatoes and find it as exquisite as the manna of the Israelites. I could live extravagantly on forty cents a day, spent wisely despite the high cost of living. I am not exaggerating, I speak with the greatest frankness in the world. My worth will decrease as I become accustomed to needing more things to live, as I forget that it is possible to lack everything and not feel unhappy. Thus, I have learned to live and this makes me more feared as an impassionate defender of an ideal reaffirmed and strengthened by sacrifice. I will preach by example—the most eloquent way of preaching. The more independent I shall be, more useful, as I will be less tied to the demands of material life.

Why make sacrifices to buy a *guayabera*, trousers and other things? From here I will leave in my gray woolen suit, frayed from use, even though we are in the height of summer. Did I not return the other suit, which I did not request and I never needed? Do not think I am an eccentric or I have become one. It is the habit that makes the monk and I am poor, I have nothing. I have never stolen a cent, nor have I begged from anyone; I have dedicated my career to a cause. Why should I be obligated to wear linen *guayaberas* as if I were a rich man, an official or a professional thief? If I earn nothing now, whatever I will have must be given and I cannot, I should not, and I will not accept debt to anyone. Since I have been here, my greatest struggle has been to insist and never tire of insisting that I need absolutely nothing; books alone I needed and books I consider spiritual riches. I cannot help but worry about all the expenses being made on the occasion of our release and even those which are strictly necessary worry me because it has not yet occurred to me to ask how you are getting by. I am not upset, but I am somewhat downhearted about all this. You do not seem to be able to be satisfied unless in some way you show your concern and care for us, but we are strong as oaks, immune to privations. We are less in need of your sacrifices than you are of our sincere reproaches. What need do we have that your love—which needs no more evidence—be made evident at every instant? Not by words alone. These are realities we must perceive. I am very moved by the effort to offer us the greatest number of small joys. But that may be obtained as well without material benefits! Do you want an example? The wish that my books be arranged and in order when I arrive comforts me, gladdens me and brings me more joy than other things. It does not sadden me or shame me or leave me feeling downcast. I cannot have weaknesses and if I have them today—even if they are minor—nothing could be expected of me tomorrow.

Speaking of books and of how soon they will arrive, I want to add some details about my library.

There are some books that are somewhat damaged; these are the ones which have passed through the greatest number of hands. For my part, I have treated them the best I could. On the other hand, there are more than a hundred that were with my comrades and were sent to me when we were informed of our release. The two volumes of the Martí collection are among the ones I had. The four new volumes of the other collection are here with me. I also have *Political Guide, Psychological Impressions, Autobiography* by Ramón y Cajal and six or seven more by Ingenieros, Anatole France and other authors. I missed some that were left on the other side such as *The Stars Look Down* by Cronin, *The Razor's Edge, Current Psychological Problems,* one of the volumes of Sherwood; every one of them I remember perfectly and I noticed their absence as soon as I took a quick inventory. I also must confess that I also packed some which were not mine but which I hope to own as soon as the three years pass as set by Law. In the meantime, I will try to recover mine before I lose them legally. Alcalde has my two volumes of *History of Political Doctrines* and I have (it is packed) his book on the currency. It occurs to me that, being aware of my intentions, he has kept those as hostages, but I propose to rescue them as soon as I catch him around Havana.

The books were sort of categorized when they went in

boxes; there were those about history, economics, literature, social and political questions, etc. How meager my library is! But I truly have a great love for it, and the day I collect a few pesos I propose to pay for some [more] though I still owe money. I think that when I leave, the creditors, who by the way are very persistent, will remember me. How many tales I told them, how many promises of payment! Facing all the petty daily problems again, perhaps I will miss the calm of prison. One is never satisfied in any place, but here at least, one is not bothered by creditors. Perhaps Balzac, always hounded by this class of characters, would have felt at ease in such circumstances. Let us hope that my premonition that I will miss prison when I am free will not be fulfilled! I have spoken already too much. An embrace.

Fidel[2]

Notes to Letter XXI.

1. Refers to Fidel, Lidia, Emma and Raúl Castro.

2. Batista ordered the Amnesty on April 15, 1955. Andrés Rivero Agüero and Arturo Hernández Tellaheche introduced the legislation in the Senate and Juan Amador Rodríguez introduced it in the House. The vote was unanimous in both houses. Fidel and Raúl Castro left the Isle of Pines Prison on May 15, 1955.

Epilogue

by Luis Conte Agüero

I am not guilty; but I am responsible. Sinners repent; those who were mistaken explain. Although I ask not for forgiveness, I cannot hide how it pains me that I contributed to the rise of power in Cuba of those who should never have held it.

In the original Introduction of this work (which can be read on www.nationbooks.org) I devoted fulsome, passionate praise to a revolutionary who I believed wanted the best for Cuba.

Let me clarify. Before 1959, my homeland pulsated with progress and Havana rewarded the expectations of its visitors. Its vibrant citizens astounded; factories, skyscrapers, stadiums, libraries, museums, restaurants, and luxury hotels, illuminated grand ballrooms, cascading fountains, first-quality products, modern transport, wide avenues, tunnels, expansive stores and posh boutiques and continuous construction.

Even today, it is amazing how much the "Revolution" has not been able to destroy. Lies are told or truth is hidden with the renaming of so many buildings and places in Cuba: The Hotel Nacional, the Hotel Havana Libre (formerly the Hilton), which were all built prior to the Revolution. What they now call the Plaza of the Revolution was previously the Plaza Civica.

Yet while much survived the Revolution, our political life

was fatally wounded. The expected ideological and moral cleansing became a systematic poisoning of the soul of Cuba; one that subverted the people of Latin America and demonized the United States.

What can explain such a national tragedy? The love of the people, so freely given to Fidel Castro, should have made him tender and serene. Having so freely received so much support and trust, his conduct was unconscionable. The goodness of others should evoke your own. The love of the people should spur reciprocation.

Yet he scorned the love that he received and answered it with the divisions and the godlessness of Marxism. This, after swearing that he was not a Communist, after accusing me of "inventing ghosts," and forcing me, like so many others, into exile.

And he who claimed in his letters to be a disciple of Eduardo Chibás—not to lie but to raise as banners of selflessness and humility—instituted the lie as truth encoded. Instead of free and open elections, he demanded permanent power.

But he magnified the pettiness in men; and subverted and defiled the eternal values of liberty, democracy and decency.

And he prohibited workers and farmers, professionals and political parties the right to freely organize. And he divided one province into five, chopped six provinces into fourteen, multiplied the municipalities in order to keep them small, canceled the historical celebrations, reinvented national holidays, banned Christmas, imposed a constitution without the mechanism to guarantee human rights, incited masses to deny citizens' rights to elect and be elected, and elected himself without free elections, decade after decade, for years.

And executed too many to count or remember, imprisoned

thousands, exiled hundreds of thousands and mobilized mobs to repress dissidents, even thought.

His Coast Guard sank a barge on March 13, 1994—one filled with fleeing citizens—and later his army shot unarmed planes in the sky.

The author of *The Prison Letters,* while incarcerated, cooked pasta, ate candy, listened to the radio, garnered publicity in print, regaled visitors and served twenty-two months for assaulting a military garrison. His prisoners, however, know none of these perks.

And while criticizing racism in the United States he jailed many young black men he found troublesome and dangerous; even executing three who stole a boat to escape Cuba in 2003. Many of the soldiers sent to Angola in the 1970s were also black—sent to kill and be killed by other blacks—to augment his international influence and prestige.

Castro would become an international beggar, supported by family remittances from a million exiles, or the U.S.S.R., and now Venezuelan oil.

He changed even the Cuban language; public submission is mandatory. Abroad, he encouraged the most radical zealots, praising them as the most revolutionary.

The best agents of such a cruel policy were those that are absent of love and faith. Hence, Cubans are encouraged to be godless and to live without faith.

Today we join hands in the intimacy of spirit to pray for civilization and human justice and to ask for strength to defend them. We seek not to repeat the old failures, futility, and pain of the past.

Let us advance in the philosophy of brotherhood and the honesty of conduct so that the our homeland is redeemed and transformed by a choir of smiles!

Let us not fail the conscience of ourselves and our homeland!

Let us heal the wounds, wipe away the tears from their eyes, let us instill in them the brilliance of triumph, cane fields of honey and spirit, palms and pines of wealth and purity, smiles and confidence.

Let us make powerful the clean, hardworking, hands of citizens, who are the voting hands of democracy.

These exclamations are not the result of naive romanticism. They are passions borne out of the knowledge that the country has been torn asunder and we must substitute the totalitarian state with a state that supports and sustains freedom and is the pride of the Cuban people.

It pains me that the homeland is like an abandoned mother whose children must resort to "resolving" and "inventing" in order to survive; who daily confront a future that deprives them of hope.

Today we invite duty and participation of all Cubans. A nation arrives at happiness trudging the road of duty. The true theology of liberation is founded on duty, optimism, labor and worship.

The moribund idealism of virtue revives when it is grafted to the tree of life-affirming liberty. And liberty endures when it is joyfully consecrated to justice.

Luis Conte Agüero
October 10, 2006

Cartas del Presidio

de Fidel Castro

1

Isla de Pinos, Junio 12 de 1954

Sr. Luis Conte
Habana

Querido hermano:

Ni las rejas, ni la soledad, ni la incomunicación, ni el fervor de los tiranos impedirían que lleguen a ti como estas líneas portadoras de mi cálida adhesión en los momentos que cosechas los aplausos y el cariño que te han granjeado tus cívicas luchas.

Sobran dedos de las manos para contar los cubanos que nos han defendido en las horas duras, y amargas de la adversidad como lo han hecho, cívica y valientemente, Roberto Agramonte, Ricardo Miranda, Pelayo Cuervo, José Manuel Gutiérrez, Ernesto Montaner, Carlos Lechuga, Enrique de la Osa, y otros; y entre todos, has sido tú, Luis Conte, el más firme, el más constante y más leal defensor de nuestra causa, que es la causa de los que no se resignan a esclavos en una patria mil veces gloriosa donde hoy se le quiere negar a sus hijos hasta el derecho a ser hombres. Voces generosas y plumas valientes que no podremos olvidar en nuestra gratitud hacia los que han tenido palabras de cariñoso recuerdo para los caídos y de enérgica protesta contra el régimen de prisión inhumano, brutal y cobarde que se nos ha impuesto, mientras tantos han callado por miedo, por celos mezquinos o por criminal indiferencia.

Aún conservo la pena de no haberte podido dar un abrazo y expresarte de palabra nuestra gratitud cuando estuviste preso en esta misma prisión. Sería suponer demasiada bondad en los carceleros de la dictadura permitir que dos cubanos amigos, a quienes se arranca de su patria y de su familia, pudieran estrecharse las manos y saludarse en la prisión común. No puede hablar contigo como no puede hablar Barcena ni verlo una sola vez en todo el tiempo que estuvo preso. Como desde hace varios meses no puedo ver a mi hermano que está solo en a cincuenta metros de mi celda ni escribirle siquiera unas líneas desde el día que entonamos un himno patriótico cuando la visita del tirano a la prisión, motivo

Isla de Pinos, Julio 6 de 1954

Querido amigo Luis:

Supe por medio que hoy era tu cumpleaños. Me gustaron mucho las palabras que con tal motivo pronunciaste. No quiero dejar pasar la fecha sin expresarte la más fraternal felicitación y desearte que cumplas, con igual elevación de espíritu y grandeza de alma, tres veces treinta años. Con la misma brevedad y sinceridad que tú hoy, termina estas líneas con un fuerte abrazo, tu leal y agradecido amigo,

Fidel Castro

Introducción

por Ann Louise Bardach

En abril de 1959, justo meses después de que un carismático revolucionario llamado Fidel Castro tomara las riendas del poder en Cuba, un volumen de sus cartas fue publicado en La Habana. Titulada *Cartas del Presidio,* esta colección de los escritos de Castro se convertiría en algo así como la Piedra Rosetta para los historiadores, los biógrafos y los periodistas que buscaban comprender al hombre que se convertiría en el gobernante de Cuba para toda la vida.

El libro está compuesto por veintiún cartas, todas dirigidas al círculo interno de partidarios de Castro, incluyendo a su esposa Mirta Díaz-Balart, a su media hermana Lidia, al renombrado intelectual cubano Jorge Mañach; a una futura amante, su compañera Melba Hernández; el padre de un camarada caído; y nueve misivas a su devoto amigo y robusto político, Luis Conte Agüero, quien después publicara dichas cartas.

Con el consentimiento de Castro, Conte Agüero reunió las cartas y escribió su prólogo original, un apasionado, efusivo tributo al hombre que tanto él, junto con muchos otros paisanos, creyeron sería el redentor de Cuba. El libro fue un éxito inmediato y fue publicado por tercera ocasión, pero al paso de dos años con Castro en el poder, la mayoría de las casas editoriales habían sido cerradas, los derechos de autor habían sido erradicados y Conte Agüero había huído del país.

Conte Agüero conoció por primera vez al imponente Castro, a fines de 1945 cuando ambos eran activos en la política estudiantil en la Universidad de La Habana. Los dos llegarían a convertirse en líderes del Partido Ortodoxo, el partido reformista dirigido por Eddy Chibás, quien muchos cubanos consideraban como la gran esperanza del pueblo y el futuro presidente de su país. En agosto de 1951, Chibás fue humillado por un mal cálculo político y terminó dándose un tiro al final de su programa de radio transmitido en vivo. La muerte de Chibás hundió a Cuba en un estado de duelo nacional: un millón de cubanos asistieron a su funeral. Más crucial aún fue el inmenso vacío político que dejó todo esto, un vacío que Castro consideró como su destino a cumplir.

Pasado menos de un año, un general del ejército y antes presidente, Fulgencio Batista, había tomado el poder en un golpe de Estado después de comprender que perdería las elecciones presidenciales. El historiador Hugh Thomas ha comparado las consecuencias del golpe de Batista con una crisis nerviosa a nivel nacional. Dentro de los más afligidos estuvo Fidel Castro, quien había sido candidato para el Congreso en la elección anulada.

La portada de la versión original de *Cartas del Presidio* mostraba a un Castro afeitado, de 26 años, en una foto tomada, justo después de su aprehensión por el asalto al cuartel militar Moncada, ocurrido en Santiago de Cuba el día 26 de julio de 1953.

El malaventurado ataque de Castro ha sido descrito ampliamente como audaz, suicida e insensato. Le costaría la vida a setenta de sus hombres, pero Castro sabía que tal imprudencia, aunque desquiciada, de sobrevivirla le otorgaría un nombre familiar en Cuba, siendo esto último exactamente lo que sucedió.

Pero el asalto encubierto irreparablemente también afectó a la familia de su esposa, los Díaz-Balart, quienes eran ministros en el gabinete de Batista. Castro estaba entonces directamente en guerra con su cuñado Rafael Díaz-Balart, quien le había presentado a su futura esposa, Mirta, cuando eran amigos en la Universidad de La Habana.

La semana previa al asalto, Castro visitó la oficina de Díaz-Balart en el Ministerio del Interior para sondear si la policía estaba al tanto de sus planes. Castro se retiró, confiando que nadie había soltado información. A pesar de todo esto, su gran asalto fue condenado. Los soldados de Batista, superaban diez a uno en número a los 134 guerrilleros de Castro, quienes fueron capturados, asesinados y algunos brutalmente torturados. Fidel y su hermano Raúl estaban entre aquellos que lograron sobrevivir, gracias a la influencia del buen amigo de su padre, el Arzobispo Enrique Pérez Serantes, quien negoció la rendición de Fidel.

Siendo abogado de profesión, Castro pudo defenderse en su propio juicio de cuatro horas y transformar una audiencia judicial a nivel de provincia, en una exhibición nacional de su persona. Su argumento final sería un deslumbrante gesto retórico, con un cierre operático: "¡Condenadme! No importa, la Historia me absolverá" Castro y su hermano fueron sentenciados a 15 años de prisión en la Isla de Pinos.

Siguiendo el modelo de el presidio federal en Joliet, Illinois (con una capacidad de 5.000 presos), las instalaciones en la Isla de Pinos están a una distancia de 62 millas de la costa, en aguas donde se arremolinan los tiburones. Los visitantes estaban obligados a hacer un viaje de tres horas en ferry o un costoso vuelo en avión para poder acceder a la isla. Para la mayoría de los prisioneros, era un temido averno: la Isla del Diablo. Más de algunos políticos simplemente "desaparecieron" y la tortura no era algo insólito.

Pero Castro, acaudalado de nacimiento y con influencias como resultado de su matrimonio, tuvo privilegios desconocidos para otros presos. Durante mucho de los 22 meses estuvo instalado en una enfermería razonablemente cómoda. Pero, después de iniciar una manifestación durante una visita de Batista, fue confinado en una celda particular por mas de cuatro meses. El presidio es ahora un museo donde los visitantes pueden inspeccionar el alojamiento de Castro y contrastarlo con las húmedas y restringidas celdas que hospedaron a sus compañeros internos.

Como prisionero célebre, Castro utilizó su tiempo y sus ventajas ingeniosamente. Leyó incesantemente y escribió cartas a diario. Un flujo constante de visitantes lo asistió para planear su futuro político y la estrategia para una campaña para la amnistía de los presos que finalmente lo libertarían.

Rafael Díaz-Balart, como sub-Ministro del Interior (entonces llamado Gobernación) tenía la supervisión de las prisiones en Cuba y estaba posicionado estratégicamente para intervenir en los asuntos de Castro. En conflicto debido sus lazos con su única hermana y su enojo contra su cuñado ingrato, logró en cierto modo vengarse cuando sustituyó una de las cartas de Castro a una novia por otra que iba dirigida a su esposa.

Las cartas ilustran ampliamente los atributos de Fidel Castro: su formidable erudición, su raciocinio estratégico y su legítimo liderazgo. También ofrecen una ojeada a su astucia maquiavélica y su genialidad para las relaciones públicas y la propaganda. Pero la característica más sobresaliente es la habilidad de Castro para inspirar a los demás continuamente, para lograr su voluntad. De hecho, todos los corresponsales de Castro parecen haber centrado sus vidas en torno suyo, *atendiendo* a sus necesidades e implementando sus estrategias en la política y las relaciones públicas, en la creencia de que él restauraría la democracia en Cuba.

Las cartas describen en sus inicios como si fuera un mapa de las ambiciones políticas de Castro, junto con las inquietudes más cotidianas, tales como su deseo de ser visitado con más frecuencia por su hijo Fidelito, o sus comidas favoritas: "Tráeme algunas toronjas para refrescarme", le ordena a su hermana. También, están rociadas con su propia filosofía en desarrollo, hay muestras de admiración por Cató y meditaciones acerca de cómo Balzac pudo haber prosperado en la prisión.

A pesar de que Castro es raramente considerado como un hombre que no demuestra fácilmente sus sentimientos, las cartas están llenas de pasión y afecto por aquéllos cercanos a él. Existe bondad, ya sea por simpatía o por culpa, hacia Haydée Santamaría, cariñosamente llamada Yeyé. "Un fuerte abrazo para ti y para mi queridísima Yeyé", le escribe a Melba Hernández, quien junto con Santamaría fueron las únicas dos mujeres que participaron en el asalto al Moncada. Tanto su prometido como su hermano fueron capturados y asesinados. Los testículos del primero fueron extirpados y los ojos del hermano fueron extraídos para serle mostrados mientras que ella estaba en prisión. Noticias de tal barbaridad se propagaron rápidamente e incitaron aún más a los cubanos contra Batista. En 1980 durante el aniversario del Moncada, Santamaría se quitaría la vida.

Los resentimientos y enojos de Castro también están dramatizados en las cartas, al igual que una homofobia ocasional hacia aquellos por los que siente aversión. Aprendemos que Castro era despiadado e implacable con sus enemigos, un hombre para el cual negociar era señal de debilidad. En cualquier asunto, grande o pequeño, él era un implacable feroz guerrero. Ciertamente, para él su incontrolable combatividad era una cuestión de honor. En una carta a su hermana Lidia, se alabaría: "Sabes que tengo el corazón de acero y seré digno hasta el último día de mi vida".

Dentro de las cartas más fascinantes están las que tratan sobre su matrimonio, la ruptura, el divorcio y las peleas por la custodia de su hijo. Mirta, la siempre sufrida esposa de Castro, habría roto lazos con su propia familia para apoyar a su esposo, tan sólo para que le dijera que sus sacrificios no habían sido suficientes. El orgullo machista de Castro fue tal, que cuando descubre que el hermano de Mirta la había incluído en la nómina del gobierno, se vuelve contra ella. Sin tomar en cuenta que Castro, siendo prisionero, no servía de apoyo económico para su esposa y su pequeño hijo. La aceptación de un sueldo insignificante por parte de su hermano es interpretada por Castro como una irrevocable afrenta contra su honor. "Estoy dispuesto a emplazar a mi propio cuñado y batirme con él en su oportunidad," le escribe a Conte Agüero. "Es el prestigio de mi esposa y mi honor de revolucionario lo que está en juego. No vaciles en ésto, devuelve la ofensa y hiere hasta lo infinito. !Qué me vea muerto mil veces antes que sufrir impotente semejante ofensa!"

En 1954, cuando Mirta se va a los Estados Unidos con su hijo Fidelito de cinco años, Castro revienta de ira: "Me resisto siquiera a pensar que mi hijo pueda dormir una noche bajo los mismos techos que alberguen a mis más despreciables enemigos y recibir en sus mejillas inocentes los besos de esos Judas miserables", le escribe Castro a Lidia, su hermana mayor. Y en caso de que la corte resultara en contra de la custodia de su hijo, se dedicaría a luchar hasta la muerte.

Por supuesto, Castro no estaba en absoluto en condiciones de emitir demandas sin precedente para obtener la custodia, ya que afrontaba 15 años de cárcel. Pero hizo justo eso, instruyendo a sus abogados para buscar la custodia de su hijo, se rehusó a darle el divorcio a su esposa a menos de que Fidelito fuera regresado y matriculado en una escuela en La Habana. "No presumo que ignoren que para quitarme ese niño tendrán que matarme.

Pierdo la cabeza cuando me pongo a pensar en estas cosas". Le dijo a Lidia en otra carta: "Yo estaré algún día en libertad. Hijo y honra me tendrán que devolver aunque la tierra se hunda".

A fines de año, Castro había perdido su primera batalla. Mirta obtuvo el divorcio y mantuvo la custodia. Pero Castro le aclaró a su hermana que nunca renuniaría su petición. "Te digo que estoy dispuesto a hacer lo que sea necesario y me importa un bledo que el pleito se lleve hasta el fin del mundo. Si creen que me van a acabar la paciencia y que a base de eso voy a ceder, se van a encontrar con que estoy revestido de calma asiática y dispuesto reeditar la famosa Guerra de Los Cien Años ¡y a ganarla!" Y eso es justo lo que hizo, tomando la custodia de su hijo en 1959, aún mientras Mirta salió al exilio a España.

Las cartas se inician en diciembre de 1953 con Castro todavía perturbado por lo del Moncada, incluyendo un febrilmente vivo recuento del asalto. "Con la sangre de mis hermanos muertos, te escribo esta carta", le escribió a Conte Agüero. "Ellos son el único motivo que me inspira". Termina con una carta a su hermana Lidia en mayo de 1955, justo 13 días antes de su liberación, con un Castro feliz, ultimando sus futuros arreglos domésticos. "En cuanto a comodidades de orden material si no fuera imperativo vivir con un mínimo de decencia material –créeme que yo sería feliz viviendo en un solar y durmiendo en un catre con un cajón para guardar la ropa. Me alimento con un plato de malangas o de papas y lo encuentro tan exquisito siempre como el maná de los israelitas".

El 15 de mayo de 1955, Fidel y Raúl Castro, triunfantes junto a sus seguidores, saldrían de la prisión en la Isla de Pinos, (la cual después fue llamada la Isla de la Juventud cuando las provincias históricas de Cuba fueron reconfiguradas y rebautizadas por Castro). A raíz de su liberación, Castro fue directamente a La Habana para reanudar su campaña para derrocar el gobierno de Batista. Aunque ninguno de los dos había visto a su padre, Ángel, un acaudalado hacendado hecho a base de esfuerzo personal, y quien estaba enfermo desde antes de su confinamiento. Solamente Raúl fue a visitar a sus padres en Birán. Fidel, decididamente, mantuvo el enfoque en su grandioso plan político, libre de impedimentos por lazos familiares. Menos de dos meses después, los hermanos y otros moncadistas huyeron a México para escapar de la policía secreta de Batista. Castro nunca volvería a ver a su padre. Ángel Castro murió en 1956 a la edad de 80, exactamente la misma edad que Castro tenía cuando cayó gravemente enfermo, 50 años después.

Después de su marcha triunfal a La Habana el 8 de enero de 1959, Castro disfrutó de la buena voluntad de muchos cubanos. El apoyo para la Revolución Cubana se extendió por todas las clases y estratos económicos con la creencia de la mayoría en que la remoción del régimen corrupto y represivo de Batista, auguraraba tiempos mejores para Cuba. Posteriormente muchos llegaron a creer que habían sido traicionados.

Quizás el aspecto más conmovedor de estas cartas es que tantos de que Castro elogió como sus fieles amigos o héroes, irrevocablemente se volverían contra él cuando asumió el poder. Muchos como Jorge Mañach y Juanita, la propia hermana de Castro, huirían al exilio. Otros serían sentenciados a prisión o ¡Al paredón! frente al pelotón de fusilamiento. Decepcionados por la pérdida de la Cuba que tanto habían anhelado, algunos, como Miguel Ángel Quevedo el talentoso editor de la revista *Bohemia*, quien le fuera de tanta utilidad a Castro, se quitaron sus propias vidas.

La historia de Gustavo Arcos, citada en estas cartas por Castro por su valor y elocuencia, es una historia típica. Entre los soldados más valientes de Castro, Arcos quedó parcialmente paralizado por las heridas sufridas durante el ataque al Moncada. Uno de sus hermanos murió en el desembarco del *Granma*. Sin embargo, en 1967 fue sentenciado a 10 años de cárcel por supuestas "actividades contrarrevolucionarias," de los cuales purgó tres. En 1980, él y su hermano Sebastián fueron acusados por intentar salir del país ilegalmente con visas denegadas, por lo que fueron encarcelados otra vez. Siete años más tarde, cediendo ante la presión internacional, Arcos fue liberado de prisión, y continuó su trabajo en pro de los disidentes y los derechos humanos en Cuba hasta su muerte en agosto de 2006.

El caso de Luis Conte Agüero es igualmente ilustrativo. Nueve de estas cartas atestiguan la confianza y la alta consideración que Castro le tenía a Conte Agüero. Por quince años, fue el compañero fiel de Castro, incluso hasta dejar a su propio hermano Andrés Rivero Agüero, el respetado Ministro de Educación, quien se opuso a la amnistía de presos políticos que liberó a Castro. Pero las expectativas de Conte Agüero por una Cuba libre y democrática fueron hechas añicos antes del término del primer año con Castro en el poder.

En marzo de 1960, Conte Agüero leyó públicamente en la radio una carta a Castro, criticando la prohibición de partidos políticos y la creciente intimidad de la Revolución con la Unión Soviética. Al día siguiente fue atacado por una multitud armada con macanas, dirigida por Manuel Piñeiro, el legendario espía de Castro conocido como "Barba Roja," casi pierde la vida. El 27 de marzo, Raúl Castro, jefe de las fuerzas armadas y Ministro de la Defensa, lo acusó de traicionar a la Revolución. "¡Al paredón!" cantó la multitud, "¡Al paredón!"

Al día siguiente, Castro lo acusó de "conjurar fantasmas" en un discurso televisado, advirtiendo que "los enemigos de la Revolución están muy bien advertidos del servicio que Luis Conte Agüero les ha prestado". Convencido de que su vida estaba en peligro, Conte Agüero se escondió en las casas de sus amigos antes de encontrar refugio en la Embajada de Argentina.

En las primeras horas del 5 de abril de 1960, Conte Agüero fue conducido al aeropuerto José Martí en un Cadillac negro que pertenecía a la Embajada de Argentina. Nunca volvería a ver su país.

• • •

Cualquier lectura razonable de estas cartas podría llevar a creer que Fidel Castro tendría que haber sido un administrador excepcional para su país. Su angustia ante la injusticia sugeriría una reforma judicial, sus lamentaciones ante la crueldad de la policía secreta de Batista sugerirían la institución de un sistema fundado en los derechos humanos. Las cartas incluso sugieren que tal vez dada su formación jesuita, era un hombre de una inusitada profundidad espiritual. "La vida física es efímera, pasa inexorablemente, como han pasado las de tantas y tantas generaciones de hombres, como pasará en breve la de cada uno de nosotros", escribió para consolar al padre de uno de sus camaradas caídos." Dios es la idea suprema del bien y la justicia".

Y sobre todo, pareciera cierto que su indignación contra Batista al revertir las elecciones nacionales de 1952, lo llevaría a una pronta restitución de elecciones libres y transparentes en Cuba. Por el contrario, se instaló como el gobernante de Cuba para toda la vida; sirviendo en el mejor de los casos, como un dictador estrella de cine, con un toque paternalista, y en lo peor, como un despiadado e implacable tirano. Cuando finalmente enfrentó su mortalidad en el verano de 2006, tuvo su última oportunidad de modificar su legado. Castro pudo haberle legado un regalo final a Cuba, un país que no ha tenido elecciones presidenciales desde 1948. Pero en vez de hacer un llamado a la elección designó a su hermano Raúl, su "lanzador de relevo", como él mismo le llama, como si Cuba fuera una monarquía. Inclusive, cuando se enfrentaba con la muerte,

Fidel Castro buscó mantenerse aferrado al control de su isla desde la sepultura.

Raramente un hombre ha sido concedido un destino tan propicio. Pocos han sido dotados de tantos talentos, oportunidades y la buena voluntad de tantas gentes. El hecho de que despilfarró tanto hace que la tragedia de Cuba sea aún más angustiosa.

Ann Louise Bardach
Santa Barbara
10 de octubre de 2006

I.

Isla de Pinos, diciembre 12 de 1953

Querido hermano Luis Conte:

Con la sangre de mis hermanos muertos, te escribo esta carta; ellos son el único motivo que la inspira. Más que la libertad y la vida misma para nosotros, pedimos justicia para ellos. Justicia no es en este instante un monumento para los héroes y mártires que cayeron en el combate o asesinados después del combate, ni siquiera una tumba para que descansen en paz y juntos los restos que yacen esparcidos en los campos de Oriente,[1] por lugares que en muchos casos sólo conocen los asesinos; ni de paz es posible hablar para los muertos en la tierra oprimida. La posteridad que es siempre más generosa con los buenos, levantará esos símbolos a su memoria y las generaciones del mañana revivirán, en su oportunidad, el debido tributo a los que salvaron el honor de la Patria en esta época de infinita vergüenza.

Luis, ¿por qué no se ha denunciado valientemente las atroces torturas y el asesinato en masa, bárbaro y vesánico que segó las vidas de 70 jóvenes prisioneros los días 26, 27, 28 y 29 de julio?[2] Eso sí es un deber ineludible de los presentes, y no cumplirlo es una mancha que no se borrará jamás. La historia no conoce una masacre semejante ni en la Colonia ni en la República. Comprendo que el terror haya paralizado los corazones por largo espacio de tiempo, pero ya no es posible sufrir más el manto de total silencio que la cobardía ha tendido sobre aquellos crímenes espantosos, reacción de odio bajo y brutal de una tiranía incalificable, que en la carne más pura, generosa e idealista de Cuba, sació su venganza contra el gesto rebelde y natural de los hijos esclavizados de nuestro pueblo heroíco. Eso es complicidad bochornosa, tan repugnante como el mismo crimen, y es de pensar que el tirano esté relamiéndose los labios de satisfacción por la fiereza de los verdugos que lo defienden y el terror que inspira en los enemigos que lo combaten.

Parece como si el restablecimiento de las garantías y el cese de de la censura se hubiesen concedido a trueque de silenciar aquellos hechos; un pacto entre el opresor y los voceros de la opinión pública, un pacto expreso o pacto tácito, y ésto es infame, abominable, irascible, repugnante.

La verdad se ignora, lo sabe Oriente entero, lo dice en voz baja todo el pueblo; sabe también, en cambio, que eran completamente falsas las canallescas imputaciones que nos hicieron de haber sido inhumanos con los soldados. En el juicio oral el gobierno no pudo sostener ninguna de sus afirmaciones. Allí fueron a declarar los veinte militares que hicieron prisioneros al enemigo desde los primeros momentos y los treinta heridos que tuvieron en el combate, sin haber recibido siquiera una ofensa de palabra; los médicos forenses, peritos, y hasta inclusive los mismos testigos de cargo se encargaron de destruir las versiones del Gobierno. Algunos declararon con admirable honradez. Quedó probado que las armas se habían adquirido en Cuba, que no había conexión con los políticos del pasado, que nadie había sido acuchillado y que en el hospital militar sólo hubo una víctima: cierto enfermo al asomarse a una ventana. Hasta el propio fiscal, caso insólito, se vio precisado a reconocer en sus conclusiones "la conducta honorable y humana de los atacantes."

En cambio, ¿dónde estaban nuestros heridos? Solamente había cinco en total. Noventa muertos[3] y cinco heridos. ¿Se puede concebir semejante proporción en ninguna guerra? ¿Qué era del resto? ¿dónde estaban los combatientes detenidos los días 26 al 29? Santiago de Cuba sabe bien la respuesta. Los heridos fueron arrancados de los hospitales privados, hasta de las propias mesas de operaciones, y rematados inmediatamente después, en ocasiones hasta antes de salir del hospital (dos prisioneros heridos entraron vivos con sus custodios en un elevador y salieron muertos del mismo). Los que habían sido recluídos en el Hospital Militar fueron inyectados con aire y con alcanfor en las venas. Uno de ellos, el estudiante de Ingeniería, Pedro Miret,[4] sobrevivió a este mortal procedimiento y lo narró todo. Solamente cinco, repito, quedaron vivos, dos fueron defendidos valientemente por el doctor Posada quien no permitió que se los arrebataran en la Colonia Española. Estos combatientes fueron José Ponce y Gustavo Arcos.[5] Hay otros tres que deben sus vidas al Capitán Tamayo, médico del Ejército, quien con gesto valeroso de profesional digno, pistola en mano trasladó a los heridos Pedro Miret, Abelardo Crespo y Fidel Labrador, del Hospital Militar al Hospital Civil. Ni aún a esos cinco querían dejar vivos. Los números son de una elocuencia irrebatible.

En cuanto a los prisioneros, bien pudo ponerse a la entrada del Cuartel Moncada aquel letrero que aparecía en el dintel del infierno de Dante: "Dejad toda esperanza". Treinta fueron asesinados la primera noche. La orden llegó a las tres de la tarde con el General Martín Díaz Tamayo quien dijo que "era una vergüenza para el Ejército haber tenido en el combate tres veces más bajas que los atacantes y que hacían falta diez muertos por cada soldado". Dicha orden era producto de una reunión sostenida entre Batista, Tabernilla, Ugalde Carrillo[6] y otros jefes. Para allanar dificultades legales el Consejo de Ministros, el mismo domingo por la noche, entre otros, suspendió el Artículo 26 de los Estatutos que establecen la responsabilidad del custodio por la vida del detenido. La consigna fue cumplida con horrible crueldad. Cuando los muertos fueron enterrados no tenían ojos ni dientes ni testículos y hasta de las prendas los despojaron sus propios matadores, que sin ningún pudor, las exhibían después. Escenas de indescriptible valor tuvieron lugar entre los torturados. Dos muchachas, nuestras heroicas compañeras Melba Hernández y Haydée Santamaría,[7] fueron detenidas en el Hospital Civil donde se encontraban en calidad de enfermeras de primeros auxilios. A la última ya en el cuartel, al anochecer, un sargento llamado Eulalio González, apodado El Tigre, con las manos ensangrentadas, le mostró los ojos del hermano que acababan de arrancarle; más tarde le dieron la noticia de que habían matado a su novio también prisionero. Llena de infinita indignación se le encaró a los asesinos y les dijo: "El no está muerto, porque morir por la Patria es vivir."[8] Ellas no fueron asesinadas; los salvajes se detuvieron ante la mujer. Son testigos excepcionales de lo ocurrido en aquel infierno.

En los alrededores de Santiago de Cuba, fuerzas al mando del Comandante Pérez Chaumont asesinaron a 21 combatientes que estaban desarmados y dispersos. A muchos los obligaron a cavar su propia sepultura. Un valiente volvió el pico e hirió en el rostro a uno de los asesinos. No hubo en Siboney tales combates; los únicos que conservaban armas se habían retirado conmigo junto hacia las montañas y el Ejército no trabó contacto con nosotros hasta seis días después que, en un descuido, nos sorprendió completamente dormidos y exhaustos por el cansancio y el hambre. Ya la matanza había cesado ante el enorme clamor popular. Aún así, únicamente el milagro de un oficial escrupuloso y la circunstancia de no haberme reconocido hasta estar en el hospital, impidió asesinarme.

El día 27 a las 12 de la noche, en el Km.39 de la Carretera Manzanillo-Bayamo, el capitán jefe de la localidad, ahorcó, arrastrándolos por el suelo amarrados por el cuello en un "jeep," a los jóvenes Pedro Félix, Hugo Camejo y Andrés García, dejando a los tres por muertos. Uno de ellos, el último, pudo recobrarse horas después y, presentado más tarde por Mon. Pérez Serantes,[9] ha referido la historia.

En la madrugada del día 28 junto al Río Cauto, camino de Palmas, fueron ultimados los jóvenes Raúl de Aguiar, Andrés Valdés y otro, por el Tte. Jefe del puesto de Alto-Cedro, el Sarg. Montés de Oca y el Cabo Maceo, que enterraron a sus víctimas en un pozo situado a la orilla del río cerca de un lugar conocido por Bananea. Estos jóvenes habían logrado hacer contacto con amigos míos que los ayudaron; después se supo la suerte que corrieron.

Es falso por completo que los cadáveres identificados hasta hoy—menos de la mitad del total—haya sido tarea del Departamento de Dactiloscopia. En todos los casos procedieron siempre a tomarle el nombre y generales de las víctimas antes de matarlas y después iban revelando los nombres, poco a poco. La lista completa no la dieron nunca. Mediante las huellas digitales identificaron solamente una parte de los que murieron en combate, con otra no lograron hacerlo. Los sufrimientos y la incertidumbre que han producido en los familiares con estos procedimientos, son indescriptibles.

Estos hechos y otros similares fueron denunciados por nosotros con todos los detalles en el juicio oral en presencia de los soldados que armados con ametralladoras y fusiles llenaban la sala del plenum de la Audiencia en evidente actitud coercitiva. Ellos mismos se impresionaron ante el relato de las barbaridades que habían cometido.

A mí se me arrancó del juicio en la tercera sesión violando todas las leyes del procedimiento, para evitar que como abogado aclarara los hechos, y el juicio fue un verdadero escándalo, pues otros abogados se encargaron de ello.

Del testimonio deducido por las denuncias formuladas por nosotros se han radicado tres causas por asesinato y torturas: la 938, la 1073 y la 1083 de 1953, Juzgado de Instrucción del Norte de Santiago de Cuba, aparte de otras varias por violación continuada de los derechos individuales. Todas absolutamente han sido ratificadas ya por nosotros en el Juzgado de Instrucción del Norte de Santiago de Cuba, aparte de otras varias por violación continuada de los derechos individuales. Todas absolutamente han sido ratificadas ya por nosotros en el Juzgado de Instrucción de Nueva Gerona. Hemos acusado a Batista, a Tabernilla, Ugalde Carrillo y Díaz Tamayo como autores de la orden de matar a los prisioneros, cosa que a ciencia cierta sabemos y como ejecutores al Coronel Alberto del Río Chaviano[10] y a todos los oficiales, clases y soldados que más se destacaron en la orgía de sangre.

Salvo en el caso de Batista, según las leyes vigentes, corresponde a los tribunales civiles juzgar a los autores de estos hechos, y la Audiencia de Santiago de Cuba hasta ahora ha tenido en esto una actitud bastante firme. Sin duda de ninguna clase que el silencio en torno a este proceso, es el favor más grande que se les puede hacer a los criminales y el incentivo más eficaz para que continúen matando sin freno de ninguna clase. No sueño desde luego ni en la más remota posibilidad de condena legal; no, eso es absurdo bajo un regimen en que los asesinos y los torturadores pueden vivir libremente, vestir uniformes y representar la autoridad mientras sufren prisión y cárcel los hombres honrados por el delito de defender la Constitución que el pueblo se dió, la libertad y el derecho. Para aquéllos no hay ni cárcel, ni sentencia, ni siquiera tribunales. Podrán gozar, además, de absoluta impunidad moral sin que ninguna voz viril se levante a acusarlos, cuando tantos han muerto generosamente por combatirlos, cuando tantos sufren las ignominias de la prisión.

Después de haber oído las denuncias formuladas por la muerte de Mario Fortuny,[11] pese a todos los inconvenientes— Ley de Orden Público, etc.—creo que ha llegado el momento de poner este punto a la orden del día. Dime, Luis Conte, ¿es que no le cabe una responsabilidad en este horrendo crimen a los que han guardado silencio frente a los crímenes, mil veces más horrendos de Santiago de Cuba? ¿Es justo acusar al regimen solamente, cuando la oposición lo ha estimulado con su vergonzosa cobardía? ¿No comprenda ésta que tal proceder tiene frutos muy amargos, que cuando la denuncia es el único freno, junto al crimen que se silencie se abre una nueva sepultura? ¿Por qué si no, ahora se apresura todo el mundo a protestar por la muerte de Fortuny? ¿Acaso porque esta barbaridad sea menor que aquella y el Gobierno está dispuesto a tolerar la denuncia sobre hechos de menor cuantía a cambio de que no se roce siquiera la cuestión "tabú"? ¿O será, Luis Conte—más triste todavía—porque tenía Fortuny amigos leales entre sus compañeros de militancia política que saben acusar y estimular la denuncia, mientras los restos de mis hermanos de partido yacen en el fondo de sus tumbas olvidados por sus compañeros de partido y de causa que así premian el sacrificio generoso de su vida por los ideales que tanto se predican?

Aquellos bravos que marcharon a la muerte con la sonrisa de la suprema felicidad en los labios abrasados por la llama del deber, bien hicieron en morir porque no nacieron para resignarse a la vida hipócrita y miserable de estos tiempos, y murieron en fin de cuentas, por eso, porque no pudieron adaptarse a la indigna y repugnante realidad.

Estas consideraciones traen a mi mente los viriles pensamientos que agitaron sus cerebros inquietos, aquel rebelarse indignado contra la mediocridad tan repugnantemente egoísta, aquel deseo de dar un ejemplo de hacer algo grande por su patria. Cada día que pasa, justifica más la razón de su sacrificio. Días atrás se conmemoró el 27 de Noviembre.[12] Todos los que escribieron y hablaron con relación al tema, volvieron sus palabras iracundas y fieras, tan pletóricas de epítetos altisonantes como de fingida indignación contra los voluntarios que fusilaron aquellos ocho estudiantes; sin embargo, no dijeron siquiera una sílaba para condenar el asesinato de setenta jóvenes, limpios, como aquellos de pies a cabeza, honrados, idealistas . . . ¡Inocentes!, y aún con su sangre caliente sobre el corazón de Cuba. ¡Caiga sobre los hipócritas el anatema de la historia! Los estudiantes del 71 no fueron torturados, se les sometió a un juicio aparente, fueron enterrados en lugares conocidos y los que tal horror cometieron se creían en posesión de un derecho de cuatro siglos recibido de mano divina y consagrado por el tiempo, legítimo, inviolable, eterno, según creencias abolidas ya por el hombre. Nueve veces ocho fueron los jóvenes que cayeron en Santiago de Cuba bajo la tortura y el plomo, sin juicio de ninguna especie, en nombre de una usurpación ilegítima y aborrecida de 16 meses, sin Dios y sin ley, violadora de las más nobles tradiciones cubanas y los más sagrados principios humanos, que después esparció los restos de sus víctimas por lugares desconocidos, en la República que nuestros libertadores fundaron para la dignidad y el decoro del hombre, el mismo año del Centenario del Apóstol.[13] ¿Cuál era el delito? Cumplir sus prédicas: "Cuando hay muchos hombres sin decoro, hay siempre otros que tienen en sí el decoro de muchos hombres, esos son los que se rebelan con fuerza terrible contra los que les roban a los pueblos su libertad, que es robarles a los hombres su decoro". ¿Cuál es el interés lesionado? La ambición desmedida de un grupo de caínes que explotan y esclavizan nuestro pueblo en provecho excesivo de su egoísmo personal.

Si el odio que inspiró la matanza del 27 de Noviembre "nacía babeante del vientre del hombre" según expresión de Martí, ¿qué entrañas engendraron la masacre del 26, 27, 28 y 29 de julio? Mas, no sé de ningún oficial del Ejército cubano que haya quebrado su espada, renunciando al uniforme; la única honra de ese Ejército consistía en "matar 10 jóvenes por cada soldado muerto en combate", esa fue la que quiso para él su Estado Mayor.

Luis, creo tanto en el fondo del pueblo de Cuba y tengo tanta fe en él, como desprecio y desconfianza por todo lo que flota en la superficie de nuestra sociedad cuajada de podredumbre. Tú eres un pedazo del fondo del pueblo que sobresale por encima del ambiente podrido.

Alguien llamó una vez a la casa de un amigo.[14] Eran las tres de la madrugada de un día memorable. Iba a invitarlo a libertar a su patria. No estaba el amigo, se encontraba en ese instante irremediablemente lejos. ¡Profunda decepción! ¿Por qué teje el azar tan extrañas circunstancias? El mismo azar se encarga de la respuesta. Por eso muchos creen en el Destino. ¿Qué habría sido de los ocho estudiantes fusilados si Fermín Valdés Domínguez[15] hubiera estado entre ellos"?

Luis, toma en tus manos esta honrosa causa, te sobra inteligencia, te sobra valor, te sobra grandeza. Creo pertinente decirte que de haber triunfado nuestro esfuerzo revolucionario, era nuestro propósito poner el poder en manos de los más fervientes ortodoxos.[16]

El restablecimiento de la Constitución del 40, condicionada desde luego a la situación anormal, era el primer punto de nuestra proclama al pueblo. Una vez en posesión de la Capital de Oriente se iban a decretar en el acto seis leyes básicas de profundo contenido revolucionario que tendían a poner a los pequeños colonos, arrendatarios, aparceros y precaristas en la posesión definitiva de la tierra con indemnización del Estado a los perjudicados; consagración del derecho de los obreros a la participación en las utilidades finales de la empresa; participación de los colonos en el 55 por ciento del rendimiento de las cañas (estas medidas, como es natural, debían conciliarse con una política dinámica y enérgica por parte del Estado, interviniendo directamente en la creación de nuevas industrias, movilizando las grandes reservas del capital nacional, resquebrajando la resistencia organizada de poderosos intereses). Otra declaraba destituidos a todos los funcionarios judiciales y administrativos, municipales, provinciales o nacionales que hubieren traicionado la Constitución jurando los Estatutos.[17] Por último, una ley que propugnaba la confiscación de todos los bienes de todos los malversadores de todas las épocas, previo un proceso sumarísimo de investigación.

Te expongo todo esto para que sepas que llevábamos un programa valiente y avanzado que constituía, por sí mismo, parte esencial de la estrategia revolucionaria. El Gobierno se ha encargado de hacer desaparecer todos esos documentos.

Nada pudo conocer el pueblo, porque adoptamos el criterio de no tomar las estaciones de radio hasta no tener asegurada la fortaleza para evitar cualquier masacre popular en caso de no tener éxito. El disco del último discurso de Chibás iba a estar constantemente[18] en el aire, lo cual daría fe instantánea de un estallido revolucionario completamente independiente de los personeros del pasado.

Nuestro triunfo habría significado un ascenso inmediato de la Ortodoxia al poder, primero provisionalmente y, después, mediante elecciones generales. Tan cierto es esto en cuanto a nuestros propósitos que, aún fracasando, nuestro sacrificio ha significado un fortalecimiento de los verdaderos ideales de Chibás, dado el nuevo curso de los acontecimientos.

Los pusilánimes dirán que no teníamos razón considerando *juris de jure* el argumento rasero del éxito o el fracaso. Este se debió a crueles detalles de última hora, tan simples que enloquece pensar en ellos. Las posibilidades de triunfo estaban en la medida de nuestros medios; de haber contado con ellos no me queda ninguna duda de haber luchado con un 90 % de posibilidades.

Habla con el doctor Agramonte[19] enséñale esta carta, exprésale que nuestros sentimientos están llenos de lealtad hacia los más puros ideales de Eduardo Chibás; que los que cayeron en Santiago de Cuba son militantes del Partido que él fundara; y que con él aprendieron a morir cuando la patria necesita de la inmolación heroica para levantar la fe del pueblo en el temple de sus hijos y en la realización inevitable de su destino histórico.

No debieron haber cabido jamás en el seno del Consejo Director teorías estériles e inoportunas sobre putsch o revolución, cuando era hora de denunciar los crímenes monstruosos que había cometido el Gobierno asesinando más cubanos en cuatro días que en once años anteriores. Además ¿quiénes han dado en Cuba pruebas de mayor fe en las masas del pueblo, en su amor a la libertad, en su repudio a la dictadura, en su desesperada miseria y en su conciencia madura? ¿Crees, Luis, que hubiera podido llamarse putsch a tus intentos de levantar el Regimiento Maceo la mañana del 10 de marzo[20] aun cuando ya todos los demás mandos se habían entregado? ¿Habrá menos conciencia hoy de libertad que la que había la madrugada del 10 de octubre de 1868?[21]

Lo que se mide en la hora de empeñar el combate por la libertad no es el número de las armas enemigas, sino el número de virtudes en el pueblo. Si en Santiago de Cuba cayeron cien jóvenes valerosos, ello no significa sino que hay en nuestra patria cien mil jóvenes dispuestos también a caer. Búsquenseles y se les encontrará, oriénteseles y marcharán adelante por duro que sea el camino; las masas están listas, sólo necesitan que se les señale la ruta verdadera.

¡Denunciar los crímenes: he ahí un deber! ¡He ahí un arma terrible! ¡He ahí un paso al frente formidable y revolucionario! Las causas correspondientes están ya radicadas, las acusaciones ratificadas todas. ¡Pídase el castigo de los asesinos! ¡Exíjase su encarcelamiento! ¡Nómbrese, si es necesario, un acusador privado! ¡Impídase por todos los medios que pasen arbitrariamente a la Jurisdicción Militar! Antecedentes recientísimos favorecen esa campaña. La simple publicación de lo denunciado será de tremendas consecuencias para el Gobierno. Repito, que no hacer esto, es una mancha imborrable.

Te ruego visites también a Quevedo[22] y lo exhortes en este mismo sentido. Recuérdale lo del Nacional, su protesta contra los oficiales asesinados, aun cuando las víctimas en esa ocasión no representaban la buena causa y de que fueron muertos cuando aún humeaban los fusiles, nunca sistemática y fríamente durante cuatro días como en el Cuartel Moncada; que no basta con alusiones indirectas publicando las fotos de Corea, que es preciso abordar más directamente el tema. Si De la Oza se decide puede ayudar grandemente este propósito. Mañach[23] hizo alguna alusión a ese aspecto del problema. ¿Por qué no hablas con él?

Te voy a pedir un favor: redacta un Manifiesto para el pueblo siguiendo el contenido de esta carta, fírmalo con mi nombre y entrégaselo a Mirta. Tratará de que lo publiquen en *Alma Mater*.[24]

Exprésale nuestra gratitud a Ricardo Miranda,[25] por sus reiteradas campañas a favor de los presos políticos.

Un último ruego: con excepción de los gastos ya realizados, dedica íntegramente el producto de la cuestación a ayudar a las viudas y a los familiares de los muertos. Nosotros no necesitamos nada, nada deseamos. Por descontado que no tendremos Navidad, porque es nuestro propósito no probar ni agua ese día en señal de duelo. Hazlo contar así, porque creo que de este modo el objetivo será más noble y humano. No tiene objeto que unos presos como nostros aspiremos a las alegrías de Navidad; preferimos que no sean desahuciados ni pasen hambre aquéllos que perdieron el ser querido y el sostén de la casa.

Luis, te felicito por lo que estás haciendo y la forma brillantísima, inteligente y oportuna con que estás enfocando los problemas. Estoy seguro de que tus simpatías han de ser enormes en todo el pueblo. Pónlas al servicio de la justicia y de la verdad cada vez más, sin temor al alcance del sacrificio sobre bases sólidas.

Espero que un día en la patria libre recorremos juntos los campos de la Indómita Oriente recogiendo los huesos heroicos de nuestros compañeros para juntarlos todos en una gran tumba junto a la de Martí, como mártires que son del centenario y cuyo epitafio sea un pensamiento de Martí: "Ningún mártir muere en vano, ni ninguna idea se pierde en el ondular y en el revolverse de los vientos. La alejan o la acercan, pero siempre queda la memoria de haberlo visto pasar".

Luis, nosotros aún tenemos fuerzas para morir y puños para pelear. Recibe de todos nosotros, un fuerte abrazo.

Fidel

Notas a Carta I.

1. Oriente, la provincia más al este de Cuba, fue dividida en cinco provincias en 1974.

2. El ataque al cuartel de Moncada en Santiago de Cuba por las guerrillas de Castro, 26 de julio, 1953.

3. Actualmente, el numero de rebeldes fallecidos no es noventa sino setenta.

4. Pedro Miret fue encarcelado con Castro por su participación en el ataque de Moncada. Fue numbrado Ministro de Agricultura en 1959, y ocupaba otras posiciones de alto prestigio.

5. Gustavo Arcos, embajador a la Bélgica durante los años 60; después un destacado disidente que fue encarcelado varias veces; murió en la Habana en 2006.

6. General Díaz Tamayo, quien rechazó esta orden, luego fue detenido en su casa por un supuesto complot contra Batista. Después de la toma de poder de Castro, Díaz Tamayo intentó ser readmitido en las fuerzas armadas pero fracasó. Se exilió y se murió en Miami. General Francisco Tabernilla, se fugó de Cuba al mismo tiempo que su jefe, Batista. In 1950, el fusilamiento de Colonel Manuel Ugalde fue aplazado por Castro.

7. Melba Hernández, siguió siendo una fidelista incondicional. Haydée Santamaria fue directora de Casa de las Américas, una organizacion cultural dirigida por el gobierno; se suicidó el 26 de julio, 1980.

8. Una frase del himno nacional de Cuba.

9. Enrique Pérez Serantes, el arzobispo de Santiago de Cuba, murió en España.

10. Coronel Alberto del Rio Chiviano–comandante del ejercito en Oriente.

11. Mario Fortuny, un periodista y miembro de la oposición a Batista, asesinado en la Habana meses después del ataque a Moncada.

12. Referencia a la fecha en que ocho estudiantes cubanos de medicina fueron seleccionados al azar y asesinados por las autoridades coloniales de España en 1871 por haber supuestemente profanado una tumba.

13. José Martí, 1853-1895, el héroe y poeta de la revolución contra España, muchas veces llamado "El Apóstol".

14. Referencia a la visita de Castro a Luis Conte Agüero.

15. Fermín Valdéz Domínguez comprobó la inocencia de los ochos estudiantes fusilados en 1871.

16. El Partido del Pueblo Cubano, conocido como el Partido Ortodoxo, era un partido de reforma democrática, fundado por Eduardo Chibás.

17. La constitución provisional de Batista.

18. Eduardo Chibás, 1907-1951, dio este discurso apasionado por Radio CMQ en vivo y al final del discurso se mató a tiros. Murió días después.

19. Profesor universitario, Roberto Agramonte, del Partido Ortodoxo, era Ministro del Estado bajo Castro por unos meses. Murió en exilio.

20. Se refiere al día del golpe de estado de Batista: 10 marzo, 1952.

21. El primer día de la guerra por la independencia de España.

22. Miguel Ángel Quevedo, Director de *Bohemia,* la revista mas popular en Cuba, quien se suicidó en Caracas, Venezuela.

23. El periodista Enrique De la Osa fue director de *Bohemia* en 1960 y murió en Cuba. Jorge Mañach, un intelectual cubano muy importante murió en Puerto Rico. Véase también Letra XVI.

24. *Alma Mater* fue la publicación de los estudiantes de la Universidad de la Habana.

25. Ricardo Miranda, dueño de la Cadena Oriental de Radio (COR), antes de exiliarse.

II.

Querida Melba:

Mirta te dirá el medio de comunicarte conmigo todos los días si quieres. Guarda sobre él absoluta reserva informándeselo únicamente a Yeye cuando regrese. Mirta me ha dicho el entusiasmo tan grande con que están luchando; sólo siento la inmensa nostalgia de estar ausente. Quiero poner en consideración de ustedes algunas cosas que considero importantes.

1ro. No se puede abandonar un minuto de propaganda porque es el alma de toda lucha. La nuestra debe tener su estilo propio y ajustarse a las circunstancias. Hay que seguir denunciando sin cesar los asesinatos. Mirta te hablará de un folleto de importancia decisiva por su contenido ideológico y sus tremendas acusaciones al que quiero le prestes el mayor interés.[1] Es preciso que se conmemore además dignamente el 26 de Julio. Hay que lograr de todas maneras que se de un acto en la escalinata universitaria; será esto un golpe terrible al Gobierno que es necesario preparar desde ahora mismo con mucha inteligencia; así como también actos en los Institutos, en Santiago de Cuba y en el extranjero: Comité

Ortodoxo de Nueva York, México y Costa Rica. Gustavo Arcos debe hablar con los dirigentes de la FEU para el acto de la Escalinata.

2do. Hay que coordinar el trabajo entre la gente nuestra de aquí y la del extranjero. Prepara a este fin cuanto antes un viaje a México para que te reúnas allí con Raúl Martínez y Lester Rodríguez[2] y después de estudiar cuidadosamente la situación decidan sobre la línea a seguir. Hay que considerar con extremo cuidado cualquier propósito de coordinación con otros factores no sea que se pretenda utilizar simplemente nuestro nombre como hicieron con José Pardo Llada[3] y compañía, es decir, la táctica de manchar con su desprestigio todo núcleo que le haga sombra. No admitir ningún género de subestimación; no llegar a ningún acuerdo sino sobre bases firmes, claras, de éxito probable y beneficio positivo para Cuba. De lo contrario es preferible marchar solos y mantener ustedes la bandera en alto hasta que salgan estos muchachos formidables que están presos y que se preparan con el mayor esmero para la lucha. "Saber esperar", dijo Martí, "es el gran secreto del éxito".

3ra. *Mucha mano izquierda y sonrisa con todo el mundo.* Seguir la misma táctica que se siguió en el juicio: defender nuestros puntos de vista sin levantar ronchas. *Habrá después tiempo de sobra para aplastar a todas las cucarachas juntas.* No desanimarse por nada ni por nadie como hicimos en los más difíciles momentos. Un último consejo: cuídense de la envidia; cuando se tiene la gloria y el prestigio de ustedes, los mediocres encuentran fácilmente motivos o pretextos para susceptibilidades. Acepten todo el que quiera ayudarles, pero recuerden, no confíen en nadie. Mirta tiene instrucciones de ayudarles con toda su alma. Tengo en ustedes puesta toda mi fe. Conversaré con Vega[4] si lo veo hoy sólo aquellas cosas que estime conveniente.

Un fuerte abrazo para ti y para mi queridísima Yeyé. Más firme que nunca.

Fidel

Notas a Carta II.

1. *La Historia Me Absolverá,* la versión escrita del discurso de Castro al final de su proceso.

2. Raúl Martínez Ararás fue el líder del ataque el 26 de julio al cuartel Bayamo, se fué a Miami. Lester Rodríguez se quedó en Cuba.

3. José Pardo Llada, comentarista de radio en Cubà, partió en 1961 para vivir en Colombia.

4. Parece una referencia al Dr. Adolfo Rodríguez de la Vega, cardiólogo y amigo de Castro.

III.

Isla de Pinos, junio 12 de 1954

Sr. Luis Conte,
Habana.

Querido hermano:

Ni las rejas, ni la soledad, ni la incomunicación, ni el furor de los tiranos impedirán que lleguen a tus manos estas líneas portadoras de mi cálida adhesión en los momentos que cosechas los aplausos y el cariño que te han granjeado tus civicas luchas.

Sobran dedos de las manos para contar los cubanos que nos han defendido en las horas duras y amargas de la adversidad como lo han hecho, cívica y valientemente, Roberto Agramonte, Ricardo Miranda, Pelayo Cuervo, José Manuel Gutiérrez, Ernesto Montaner, Carlos Lechuga,[1] Enrique de la Oza y otros; y entre todos has sido tú, Luis Conte, el más firme, el más constante y el más leal defensor de nuestra causa, que es la causa de los que no se resignan a ser esclavos en una patria mil veces gloriosa donde hoy se les quiere negar a sus hijos hasta el derecho de ser hombres. Voces generosas y plumas valientes que no podemos olvidar en nuestra gratitud hacia los que han tenido palabras de cariñoso recuerdo para los caídos y de enérgica protesta contra el régimen de prisión inhumano, brutal y cobarde que se nos ha impuesto, mientras tantos han callado por miedo, por celos mezquinos o por criminal indiferencia.

Aún conservo la pena de no haberte podido dar un abrazo y expresarte de palabra nuestra gratitud cuando estuviste preso en esta misma prisión. Sería suponer demasiado bondad en los carceleros de la dictadura permitir que dos cubanos amigos a quienes se arranca de su patria y de su familia, pudieran estrecharse la mano y saludarse en la prisión común. No pude hablar contigo como no pude hablar con Bárcena.[2] Hace varios meses no puedo ver a mi hermano[3] que está a cincuenta metros de mi celda, ni escribirle siquiera unas líneas desde el día que entonamos un himno patriótico cuando la visita del tirano a la prisión, motivo por el cual asimismo, un compañero nuestro, Agustín Díaz Cartaya, autor del himno, fue conducido a una celda solitaria en la madrugada del 15 de febrero y golpeado brutalmente hasta dejarlo inconsciente, cosa que ni el mismo Castell hizo jamás con ningún preso político en los peores años del machadato.

De mí puedo decirte que sólo tengo compañía cuando en la pequeña funeraria que está delante de mi celda tienden algún preso muerto que en ocasiones son ahorcados misteriosos, asesinatos extraños en hombres cuya salud fue aniquilada a fuerza de golpes y torturas. Pero no puedo verlos porque hay perennemente una mampara de seis pies de alto frente a la única entrada de mi celda para que no pueda ver ningún ser humano, ni vivo ni muerto ¡Sería demasiada magnanimidad permitirme la compañía de un cadáver!

Mientras estas cosas están ocurriendo, el déspota habló en Santiago de Cuba, de perdón de Dios, y habló de perdón y de Dios en el mismo cuartel donde no hace todavía un año fueron asesinados cruelmente setenta jóvenes prisioneros, hartándose en alegre festín donde hacía diez meses, apenas, se hartaron de sangre patriótica.

A ti te enviaron a la cárcel con los presos comunes por decir la verdad, pero esos mismos tribunales que dictaron contra un joven honrado y limpio tan arbitraria sentencia no han condenado jamás a uno solo de los cientos de malversadores que han saqueado la República, ni a los grandes criminales que torturan y asesinan a los presos políticos. Decir la verdad y luchar por la libertad, la Constitución, la soberanía del pueblo y el decoro de la patria es el crimen que no perdonan esos honorables magistrados que juraron un día ser fieles a la instituciones legítimas de la República.

Sé que el homenaje será un éxito[4], un verdadero homenaje del pueblo, lleno de cariño y simpatías, el reconocimiento a tu lucha incansable, a tu denuncia constante, a la firmeza inquebrantable de tus principios, a tu firme postura en la vida pública sin vacilaciones ni desmayos; el aliento del pueblo para seguir la brega por el camino largo y duro al joven que no busca un asiento indigno en la Cámara o el Senado, sino que pone su talento al servicio de grandes ideales y sigue la senda del sacrificio y del peligro, que pocas veces lleva a éxito personal, pero siempre a la gloria, al triunfo de los ideales verdaderos y a la eterna gratitud del pueblo.

Desde aquí veo el teatro completamente lleno, la fisonomía querida e inolvidable de las masas de nuestro partido, siempre entusiasta y siempre vibrante al conjuro de la palabra patriótica, esa masa que es el alma encarnada del gran líder que le dio a las multitudes el soplo de su vida y el aliento de su muerte heroica. Caras conocidas y gratas que no pueden borrarse de la mente; pensar en ellas es evocar el recuerdo de tantas luchas y batallas libradas juntos. Son las caras de la CMQ, la de los momentos difíciles del Partido, las que frente al Centro Médico rezaban de rodillas sobre el césped a la débil luz de la madrugada para que no se apagara aquella vida incomparable, las que junto a la tumba no se cansaron de llorar y lloran todavía; era el pueblo luchando a brazo partido sin más recursos que su fe colosal contra los intereses creados, invencible en su furia, seguro de su victoria, esperanzado en su porvenir; ese pueblo que tiene el instinto de adivinar quiénes son los leales y que pone cara hosca a los que se apartan de la línea, que no abandona jamás a los que siguen fieles a ella, a la línea que trazó el gran visionario que veía desde muy lejos cuando a todos les cegaba la niebla del presente; la gran línea, la única línea recta y revolucionaria, aunque sea la más larga y la más difícil; la línea de Independencia Revolucionaria.

Veo en la tribuna y en ella a Roberto Agramonte, a Conchita Fernández, a Paquita Vivar, María Teresa Freyre, a Pepín Sánchez que quizás han tenido que llevarlo por la fuerza de tan modesto que ha sido siempre; veo a Bisbé, a Orlando Castro, a Leonardo, a Yuyo, a Joaquín López Montes, a Primelles, a Rivadulla, Luis López, Tinguao, Barroso, Llenín.[5] Algunos y tantos otros que sería imposible enumerar; echo de menos a muchos buenos ortodoxos que algún día volverán a reunirse. Pero, ¿y esos que se pasaron a las filas del enemigo buscando actas de senadores y representantes; qué hacían dentro del Partido del Pueblo? Esos terratenientes, millonarios y explotadores de campesinos y obreros ¿qué hacían dentro de un partido cuyo deber primero es la justicia social? Mientras las masas luchaban en la calle esos hombres estaban prostituyendo la Ortodoxia, apoderándose de las dirigencias y aspirando a convertirlo en un partido tradicional más. ¡Magnífica lección para el futuro!

Los hombres decentes y las masas de mayor conciencia política han quedado marginadas de la lucha comicial como resultado del cuartelazo traidor; estamos presenciando una batalla de ladrones: los ladrones de ayer contra los ladrones de antier y de hoy; una lucha entre traidores: los traidores a la Constitución y los traidores al pueblo en desgracia; una lucha

entre los creadores del porrismo y los fundadores del gangster-
ismo, entre la tiranía y la comedia, de donde resulta tragedia
para el pueblo. Cualquiera puede ganar, pero Cuba pierde de
todas maneras.

Lo que importa ahora es salvar los principios; todo se salva
si se salvan los principios; de lo más profundo de la
podredumbre surgirá más purificado y limpio el ideal redentor.

No quiero ser más extenso aun cuando no haya expresado
suficientemente toda nuestra simpatía por el bravo combatiente,
el compañero generoso y el amigo leal a quien el pueblo
rinde el más merecido de los homenajes. Te autorizo a que
la leas, no importan represalias, ya nada más pueden hacerme sino quitarme la vida y no será peor la muerte que estar
enterrado vivo; es más, te pido que la leas, ocupa en la tribuna mi turno y dale a mis palabras modestas la fuerza de la
voz más alta de Oriente . . . y de Cuba. A todos los ortodoxos
y a ti especialmente un fuerte abrazo de tu hermano desde el
fondo de esta celda donde hace hoy cuatro meses que no veo
el sol.

Fidel Castro

Notas a Carta III.
1. Dr. Pelayo Cuervo fue asesinado durante el régimen de Batista en 1957. Dr.
José Manuel Gutiérrez y el periodista Ernesto Montaner murieron en exilio.
Carlos Lechuga fue embajador a las Naciones Unidas en Ginebra del 1959 a
1989.
2. Dr. Rafael García Bárcena era embajador al Brasil y murió en 1961 en Cuba.
3. Raúl Castro Ruz, el hermano menor de Fidel, Ministro de las Fuerzas Armadas
desde 1959, vicepresidente desde 1974, y el sucedor escojído por Castro.

4. Fiesta en honor a Conte Agüero en el Teatro de la Comedia donde la esposa de Fidel, Mirta Díaz-Balart, leyó esta carta.

5. Conchita Fernández era la secretaria de Chibás y la secretaria de Fidel en 1959. Después era la secretaria de líder del Partido Comunista, Carlos Rafael Rodríguez. Manuel Bisbé, embajador a las Naciones Unidas en 1959, murió en 1961; Julio del Valle, amigo de Castro por muchos años; murío en Cuba.

IV.

Isla de Pinos, junio 19 de 1954

Luis:

No pude oír la transmisión del acto, pero desde lejos escuché el murmullo en un radio que tenía sintonizada la COR. Sé que Mirta leyó mi carta.[1] aunque ignoro, hasta que hable con ella, si le suprimieron alguna parte. Sé también, porque me lo comunicaron los muchachos, que al otro día la retrasmitiste; ellos, que lo escucharon todo, quedaron muy contentos, me comunicaron, además, que a juzgar por tu discurso pronto te echan para acá otra vez.

Hace hoy cuatro meses y una semana que me tienen encargado en esta celda solitaria. Habían dicho al principio que era por cuatro meses, pero en realidad tienen intenciones de dejarme así definitivamente. No quiero perder tiempo dándote mi opinión de esta gente; Castell y su cuadrilla de asesinos eran unos angelitos comparados con la banda de intransigentes, desalmados y estúpidos que están rigiendo esta prisión.

Esta situación, en realidad, no puede ser más dura, no sé si tanto por la tortura mental y lo antinatural que resulta, como por pensar que estas cosas se puedan estar haciendo en Cuba con absoluta impunidad y en medio de una indiferencia que espanta por parte de los órganos de opinión pública. Por más que uno sepa el descenso moral que está padeciendo la

República lamenta no lograr acostumbrarse a ello. Fuera del esfuerzo de tres o cuatro personas entre las cuales figuras tú en primer lugar, no existe en absoluto oposición al régimen. Basta recordar la batalla que se dio contra el empréstito de Prío por doscientos millones y ver la tranquilidad con que ahora Batista planea y lleva a cabo uno de tres cientos cincuenta, que sumado a los otros por él realizados en esta etapa, pasan de quinientos millones, plagados de violaciones legales, negociaciones secretas, viajes misteriosos de Martínez Sáenz a Estados Unidos y todo sin pies ni cabeza, sin plan ni programa, para gastar a discreción en la forma que a Batista le dé la gana, hipotecando el presupuesto por más de un cuarto de siglo. Exceptuando a Cepero Bonilla[2], no veo en los periódicos la más mínima resistencia al proyecto, aunque sí una gran frialdad.

El cuadro es desolador en todos los órdenes. No vayas a pensar que estoy desanimado o que quiero desahogarme. En realidad necesitaría 30 pliegos para ello. No es muy fácil, que digamos, consolarse cuando no se tiene a nadie con quien cambiar una palabra de aliento, pero a fuerza de pensar llego a la conclusión de que esta crisis que está sufriendo la Nación era inevitable y necesaria y que cuanto mayor sea, tanta mayor esperanza de concebir un mañana distinto. Cuba es en estos instantes, para nosotros, los que albergamos sinceros ideales, como un Huerto de los Olivos donde tenemos que sudar sangre.

Las horas más duras están por pasar todavía, y creo que aún te quedarás más solo de lo que estás. Sería digno de verse lo que ocurrirá si llega a formarse el tercer frente político: ¡La cantidad de hipócritas que acabarían de quitarse la careta en busca de actas de senadores y representantes, acabando de hacerle el juego completo al Gobierno! Sólo faltaría, después, que los excitados priístas se postularan en cualquiera de esos frentes y tendríamos el punto de partida perfecto para la verdadera lucha nuestra: de un lado todos los criminales, ladrones, politiqueros, apóstatas, traidores y corrompidos, repartiéndose la República, y de otro, lo que queda de limpio, idealista y sinceramente revolucionario en Cuba junto al pueblo. Mientras más pronto se produjera esa definición sería mejor. Para ti significaría una dura etapa de lucha solitaria y para nosotros de olvido cruel en la cárcel. Pero el sacrificio es ahora nuestro único deber.

Aquí me paso el día leyendo y dominándome. Por cierto que me siento mucho mejor cuando no leo los periódicos; la politiquería y sumisión que veo por doquier me produce accesos de rabia. Si alguna paciencia se ha puesto a prueba es la mía; hay veces que me paso horas enteras luchando contra el deseo de estallar. Declararme en huelga de hambre y no probar un bocado hasta que me saquen de esta celda o me maten, que no sería lo menos probable. Estoy convencido de que lo que ellos persiguen a toda costa es provocarme, e ignoro las intenciones. De otro modo: ¿por qué, después de transcurrir los cuatro meses me mantienen aislado? Sin embargo, no sé hasta cuándo tendré energías para vencerme a mí mismo.

Luis, estimo que hay que organizar cuanto antes una campaña firme, sistemática y creciente de protesta contra esta insólita situación mía. Lo que se ha hecho, aunque les ha dolido en las entrañas, no es suficiente; son demasiado estúpidos y demasiado soberbios. Hasta que el Gobierno no se sienta de verdad perjudicado, estas gentes de aquí se enferman del hígado, pero no ceden.

Este es el momento sicológico más favorable por una serie de circunstancias. Creo que la única persona que puede organizar seriamente una campaña y con éxito eres tú.[3] Principalmente para eso te estoy haciendo estas líneas. El hecho en si tiene un aspecto humano o de la mayor trascendencia. El aislamiento solitario de los soldados americanos en Corea durante meses, se consideró como una de las torturas más crueles a que fueron sometidos; muchos enfermaron y la prensa mundial habló de ellos extensamente. Por otro lado es completamente ilegal y motivo suficiente para iniciar un proceso criminal contra los responsables. Además los hechos en este caso responden a la actitud arbitraria de un Jefe de prisión que pasa por encima de todos los organismos que rigen las prisiones. El Ministro de Gobernación⁴ se ha portado como todo lo que es: un perfecto afeminado, se ha doblegado a los caprichos de los militares y entregado a enriquecerse descaradamente. Sería bueno emplazar públicamente y exigirle una explicación al Consejo Superior de Defensa Social.

Creo que debes integrar una comisión donde estén Mirta, mi hermana Lidia, Melba, Haydée y si es posible Roberto Agramonte y otros líderes del Partido para visitar a los directores de periódicos y estaciones de radio y plantearles personalmente el problema pidiendo colaboración, cosa que no sería difícil obtener porque no afecta nada esencial en la actitud que pudieran mantener esos órganos, planteada la cuestión como un problema humano.

La intervención de *Bohemia* sería decisiva. Un escrito bien hecho en la revista no lo resiste esta gente. Recuerda la importancia que tuvo el de Montaner⁵ con respecto a tu salida de la prisión. Ese escrito lo pudieran hacer tú, Montaner o Mañach. A este último—que ya debe estar de regreso—debes visitarlo con ese fin. Si pueden escribir los tres en distintas ocasiones y sobre aspectos diversos, mucho mejor. Cuántos datos necesiten, tú los puedes facilitar. Puede hacerse también una encuesta gráfica planteándole el problema a un grupo de penalistas de mayor renombre. En el caso en que estoy yo pueden llegar a verse muchas personas; echar abajo el precedente sería una garantía para todos.

La actitud del Colegio de Abogados ha sido bastante floja.

Debes visitar a Miró Cardona[6] y solicitar del Colegio una cooperación más enérgica.

La FEU con sus intereses de grupo y sus piñas se ha portado bastante mal. No obstante, tú podrás persuadirla de que luchan contra una injusticia mucho más grave que otras a las que ellos le han dedicado todo su entusiasmo.

Se me ocurre también que sería formidable si en la Cadena Oriental pudiera anunciarse diariamente el tiempo que llevo incomunicado: tantos meses, diez días, tantos meses, once días . . . así sucesivamente. (Recuerda a Catón que siempre terminaba sus discursos pidiendo la destrucción de Cartago.) De los editoriales tuyos y los de Miranda no tengo que hablar porque sé que me han defendido constantemente.

Deben hablar además con Pelayo y José Manuel (¿o tendrías inconveniente?), para que presentaran una querella criminal contra Hermida y Capote.[7] No se puede andar con más contemplaciones o de lo contrario resignarse a seguir sufriendo esta humillación a la cual no estoy dispuesto.

Ciertamente que este caso es el contrasentido más grande que pudiera plantearse al gobierno, en plena campaña electoral, después de la pseudoamnistía que decretaron, y un medio formidable de poner en evidencia a los politiqueros en plena zafra electoral.

En cuanto a esta gente de aquí, uno de los errores más graves que cometieron fue golpear a Cartaya en la madrugada del 15 de febrero, hecho en el que participaron el Teniente Perico, el Sargento Rojas, un Mayor llamado Cebolla y otros por orden del Comandante Capote; es un punto por donde debe atacársele sin tregua; lo considero de la mayor importancia y efectividad.

Quizás se te ocurran algunas cosas más y mejores. Quiero sólo reiterarte que es imprescindible actuar y veo que todas las circunstancias se presentan para ello a nuestro favor. Tú sabes por experiencia lo que significa estar aquí sufriendo estupideces infernales.

Muchas cosas más quisiera decirte, pero quiero por ahora concretarme a este problema. No ignoro que otras muchas cuestiones ocuparán tu mente y tu tiempo en los días venideros. Dedícame sólo una pequeña parte; créeme que no te lo pediría si no viera en ello un asunto muy propicio para combatir la dictadura en un aspecto que no tiene defensa y que por su naturaleza te acompaña el sentimiento público; a no ser que aquí en Cuba el peor de los crímenes, que es asesinar a sangre fría a un preso político, ha dejado de tener importancia.

Llevo más de tres mil horas completamente solo, salvo los brevísimos ratos que he pasado con mi mujer y mi hijo.[8] A esto hay que sumarle tres meses en iguales circunstancias en Santiago de Cuba.

Demás está decirte que lo poco que pueda ayudarte estoy a tu entera disposición. Este favor te lo pagaré en tabacos cuando vuelvas para acá.

Un abrazo de tu hermano,

Fidel

Notas a Carta IV.

1. Se refiere a Carta III. Véase nota 4.

2. Raúl Cepero Bonilla era Ministro de Comercio en 1959. Murió en un accidente de avión en 1962.

3. Conte Agüero encabezó el Comite para Amnistía Política.

4. El Ministro de Gobernación (renombrado el Ministro del interior) supervisaba todas las actividades de la policía.

5. Ernesto Montaner escribió sobre los conflictos familiares en la politica Cubana en *Bohemia*, menciodando la divergencia entre Castro y su cuñado, Rafael Diaz-Balart, Ministro de Gobernación (después Interior) y Conte Agüero y su hermano, Andrés Rivero Agüero, el entonces Ministro de Educación y después Primer Ministro y Presidente-eligido en 1958.

6. Dr. José Miró Cardona, Presidente del Colegio Cubano de Abogados, Primer Ministro de Castro en 1959 y después embajador a España. En 1960, fue nombrado embajador a los Estados Unidos donde buscó refugio y llegó a ser el líder del Consejo Revolucionario Cubano, una organización militante de exiliados, asociada con la invasión de Playa Girón.

7. Ramón Hermida Antorcha, Ministro de Governación. Mayor Capote, Guardián de la Cárcel de Isla de Pinos, ejecutado el 1 de mayo, 1959.

8. Fidelito: Fidel Ángel Castro Díaz-Balart, hijo myor de Castro, un Físico quien vive en la Habana con su segunda esposa y tres hijos.

V.

Isla de Pinos, julio 6 de 1954

Querido amigo Luis:

Supe por radio que hoy era tu cumpleaños. Me gustaron mucho las palabras que con tal motivo pronunciaste. No quiero dejar pasar la fecha sin expresarte la más fraternal felicitación y desearte que cumplas, con igual elevación de espíritu y grandeza de alma, tres veces treinta años. Con la misma brevedad y sinceridad que tú hoy, termino estas líneas con un fuerte abrazo, tu leal y agradecido amigo,

Fidel Castro

VI.

Mirta:

Acabo de oír por el noticiero de la C.M.Q. (11 de la noche) que "el Ministro de Gobernación había dispuesto la cesantía de Mirta Díaz-Balart . . ." Como no puedo creer bajo ningún concepto que tú hayas figurado nunca como empleada de ese Ministerio, procede que inicies inmediatamente una querella criminal por difamación contra ese señor, dirigida por Rosa Ravelo o cualquier otro letrado. Quizás han falsificado tu firma o quizás alguien haya estado cobrando a tu nombre pero todo esto se puede demostrar fácilmente. Si tal situación fuera obra de tu hermano Rafael debes exigirle sin alternativa posible que dilucide públicamente esta cuestión con Hermida aunque ello le cueste el cargo y aunque fuera la vida. Es tu nombre lo que está en juego y no puede rehuir la responsabilidad que tiene que saber muy grave para con su única hermana, huérfana de madre y de padre[1] cuyo esposo está preso.

No dejes de presentar, ahora con más razón que nunca, el escrito a Miguel Quevedo. Actúa con firmeza y no vaciles en enfrentarte a la situación. Pídele consejo a Luis Conte; a él le escribo también unas líneas. Considero que tu pena y tu tristeza sea grande pero cuenta incondicionalmente con mi confianza y cariño.

Fidel

P.D. Acabo de ver (domingo 9 A.M.) la revista *Bohemia*. Está bien hecho el trabajo. Ojalá Miguel te atienda otra vez.

Notas to Carta VI.

1. La madre de Mirta ya había muerto pero su padre, Rafael Díaz-Balart, era Ministro de Transportación bajo Batista; su hermano—mismo nombre—fue Deputado Ministro de Gobernación.

VII.

Isla de Pinos, julio 17 de 1954

Luis Conte:

Acabo de oír por la C.M.Q. (Noticiero de las 11 de la noche) que "el Ministro de Gobernación había dispuesto la cesantía de Mirta Díaz-Balart" . . .

Esto es una maquinación contra mí; la más ruin, la más cobarde, la más indecente, la más vil e intolerable.

Mirta tiene la cabeza muy bien puesta para haberse dejado seducir alguna vez por su familia consintiendo en figurar en una nómina del Gobierno, por muy dura que haya sido su situación económica. Estoy seguro de que ha sido calumniada miserablemente.

La naturaleza del problema es para mí dura y triste hasta lo imposible de imaginar. Estoy dispuesto a aclarar esto y responder a la cobarde injuria hasta sus últimas consecuencias. Quiero que hables con Rafael su hermano y le pidas que te explique qué responsabilidad le puede caber en esto, haciéndole ver la gravedad del asunto y lo que tiene de vergonzoso y de infame.

Unicamente un afeminado como Hermida en el último grado de degeneración sexual puede acudir a semejante procedimiento, de tan inconcebible indecencia y falta de hombría. Ahora no me caben dudas de que las declaraciones sobre buen trato puestas en mi boca son obra suya.

Yo no quiero convertirme en un asesino cuando salga de la prisión. ¿Un preso político no tiene honor? ¿Un preso político puede ser ofendido de ese modo? ¿Un preso no puede retar a otra persona a batirse cuando salga de la prisión? ¿Tiene que rumiar en la impotencia y la desesperación del encierro la hiel de la infamia?

Te pido que me ayudes en ésto y que actúes en mi nombre exactamente como si estuvieras en mi situación. Ahora me ciega la ira y casi no puedo pensar. Te autorizo para que en mi nombre hagas cuantas declaraciones estimes necesarias y tomes cualquier decisión. Estoy dispuesto a emplazar a mi propio cuñado y batirme con él en su oportunidad. Es el prestigio de mi esposa y mi honor de revolucionario lo que está en juego. No vaciles en ésto, devuelve la ofensa y hiere hasta lo infinito. ¡Que me vea muerto mil veces antes que sufrir impotente semejante ofensa!

Fidel Castro

VIII.

Isla de Pinos, julio 22 de 1954

Mi querida y fiel hermana,[1]

Ayer por la tarde recibí tu carta. Te la contesto enseguida aunque breve porque no tengo muchas ganas de escribir.

No te preocupes por mí; sabes que tengo el corazón de acero y seré digno hasta el último día de mi vida.

¡Nada se ha perdido!

Recibe un fuerte abrazo de tu hermano,

Fidel

Notas a Carta VIII.

1. Esta carta, como cartas XII, XIII, XIV, y XXI están dirigidas a la media hermana mayor de Castro, Lidia Castro Argota, una dedicada fidelista, quien murió en Cuba en 2003.

IX.

Luis:

No tengo que decirte lo que he sufrido en estos días, bajo los efectos de un dolor nuevo, desconocido y terrible, mil veces más angustioso y desesperante por mi cruel indefensión tras unas rejas que más que nunca me han parecido malditas; tú lo sabes mejor que nadie, por tu profunda comprensión humana y la nobleza de tu espíritu. Nunca con más alma y sinceridad que hoy, te digo que le escribo a un hermano en quien tengo depositado el más alto grado de aprecio y de cariño, lo que no puedo hacer en estas circunstancias sin lágrimas de hombre en los ojos.

Quiero depositar en tus manos mi situación: en nadie como en ti confío y espero para que me ayudes. Se trata, Luis, de si puedo seguir defendiendo y representando una causa o he de ser vil, ignominioso y brutalmente destruido; de si tú crees que mi nombre y mi persona pueda ser útil a Cuba y deba por tanto estar limpio de toda duda o por el contrario permitir que me lo manchen cruel y criminalmente.

No ignoro cuán difíciles circunstancias se presentan y el complejo de cobardía, confusionismo y mediocridad que infectan el ambiente. El problema es delicado, pero debemos afrontarlo con valor, decisión e inteligencia. Todos los factores de sensibilidad humana y sobre todo la inocencia están a mi favor en ese caso y puede probarse abrumadoramente. Quien únicamente puede hacerla prevalecer eres tú. Mi hermana Lidia, como única persona que puede tomar la iniciativa a mi favor estará enteramente a lo que tú decidas.

Nunca me imaginé que Rafael fuera tan canalla y estuviera tan corrompido; no concibo cómo pudo haber sacrificado, tan despiadadamente la honra y el nombre de su hermana exponiéndola a eterna infelicidad y vergüenza; no hagan caso de sus ruines y miserables amenazas; mi vida está muy limpia de actitudes equívocas y no temo a ninguna intriga.

Ellos casi se han destruido entre sí—Rafael y Hermida— ¡Ahora, Luis, nos corresponde a nosotros acabar de destruír. Te envío adjunto el texto de una carta que quiero que Lidia te haga para que la leas en tu espacio; es mi idea, tú puedes arreglarla como te parezca mejor. Como ves no se trata de defenderme cargando más infamia sobre Mirta, tal cosa sería indigna de mí, sino de enfocar el problema tal como ha sido, producto de una atroz intriga largo tiempo urdida. Lidia te habrá contado la forma indecente en que Rafael la amenazó, y en cuanto a mí dijo que si no había vomitado sangre la iba a vomitar ahora de verdad, ¡cómo me duele oír estas cosas en prisión donde nada puedo hacer! Si ellos no aceptan el emplazamiento me darán la razón. Si lo aceptan están perdidos. Yo sé porqué te lo digo. Si reaccionan con nuevos ataques, el mejor argumento de Lidia es hacer patente su cobardía al ataque a quien no puede defenderse. Te envío además, sintetizada y escrita velozmente la historia y el contenido esencial de las visitas de los ministros. Pienso que por la trascendencia adquirida y por ser exclusiva, Enriquito podrá publicarla en la sección "En Cuba".[1] El hecho de que un Ministro haya venido a darme una satisfacción en ningún sentido me perjudica. No debe revelarse su contenido hasta saber si aceptan el emplazamiento o no.

¿Qué te parece el odio que está azuzando Rafael en el Ejército contra nosotros? Hay que salirse al paso. Si Hermida lo hubiera querido destruir, nada le hubiera costado, con más razón se le podrá considerar a él ayudando con un puesto a los enemigos del régimen.

Lidia te diré la palabra, la forma en que me expresé con respecto a ti; a mi hermano le dije que te fuera a ver e hiciera lo que tú le ordenaras.[2]

En cuanto a mí quiero definirte en qué plano estoy. Vivo porque creo que tengo deberes que cumplir. En muchos de los momentos terribles que he tenido que sufrir en un año, he pensado cuanto más agradable sería estar muerto. Considero al 26 de julio muy por encima de mi persona y en el instante que sepa que no pueda ser útil a la causa por la que tanto he sufrido me quitaría la vida sin vacilar, con más razón ahora que no me queda siquiera un ideal privado al cual servir. Lo poco que he hecho con suma infinita de sacrificios y noble ilusión no lo podrán destruir destruyendo mi nombre. Esto, que tantas veces he discutido conmigo mismo por primera vez se lo confieso a alguien y es a ti, a quien tengo adquirida tanta fe y afecto en este año—que para mí han sido cien—de terribles amarguras. Nadie mejor que tú, en la adversidad, ha sabido comprendernos y ayudarnos; y ese mismo afecto mío es el mismo de todos y cada uno de mis compañeros. Eso quiere decir que estaremos indisolublemente unidos cuando salgamos y que desde ahora con pleno respaldo nuestro puedes ir preparando el camino para la tarea a realizar. Yo sé perfectamente que a ti te debemos en una mesa parte la posición histórica que ya ocupa nuestro enorme y desinteresado sacrificio. Sin ti, muchos estarían todavía guardando silencio.

Nunca te he pedido nada sin ver recompensada mi fe con los mejores frutos; sé que harás lo que más me convenga en este caso—tú que estás en la calle—y por eso todo lo pongo en tus manos. Te reitero que no temas las intriguillas y los *blufs* de Rafael.

Trabajo me cuesta alejar de mi pecho los odios mortales que quieren invadírmelo. No sé si habrá hombre que haya sufrido lo que yo en estos días pasados; han sido de terrible y decisiva prueba, capaz de apagar en el alma hasta el último átomo de bondad y pureza, pero me he jurado a mi mismo perseverar hasta la muerte. Después de esto, Luis, después de llorar y sudar sangre, ¿qué le queda a uno por aprender en la escuela del dolor?

Recibe el más fraternal abrazo de Fidel

Notas a Carta IX.

1. Enrique De la Oza, editor de la sección "En Cuba" de la revista *Bohemia*.
2. Ramón Castro Ruz, el hermano mayor, conocido como "Mongo."

X.

[sin fecha]

Luis:

A continuación te envío el texto de la entrevista entre Hermida y yo en lo más esencial.

Yo estaba en mi celda, a la 1 y 15 P.M. aproximadamente, acostado en calzoncillos, leyendo, cuando el guardia dio la voz de atención. Sin darme tiempo a nada entraron el Comandante y dos señores vestidos de dril cien. El Comandante dice:

> "Castro: los señores Gastón Godoy y Marino López Blanco[2] que quieren conocerlo y saludarlo". Yo le contesté: "Bueno, debieron avisarme un minuto antes para estar vestido". "También queremos saber cómo lo tratan"—dijo López Blanco—. Yo le contesté: "Ha habido muchas dificultades, pero yo nunca he pensado que la prisión sea un hotel de turismo o un palacio". Se desarrolló el diálogo cinco o seis minutos más sobre cosas sin importancia, hasta que se despidieron. Al salir ya, el Comandante me dice: "Castro: el señor Ministro de Gobernación está aquí y quiere saludarlo, pero . . . él no sabe cómo usted lo recibirá." Le contesté: "Comandante, yo no soy ningún muchacho malcriado de quien pueda

temerse una grosería. Ahora bien: estoy muy ofendido con unas declaraciones del señor Ministro y si hablo con él sería únicamente para pedirle una satisfacción". El Comandante me contestó: "Yo creo que es mejor que usted no le trate esa cuestión". "Entonces, Comandante, lo mejor sería que yo no viera al señor Ministro"—le repuse.

A pesar de esto, cinco minutos después, se oye de nuevo la nueva voz de atención. Entraba ahora el Ministro de Gobernación quien con la mayor cordialidad extiende la mano para saludarme. Lo primero que me dice es que "él se recordaba de haberme conocido en la funeraria cuando la muerte de Cossío del Pino".[2] Inmediatamente después comienza a decirme textualmente: "Castro, yo quiero que tú sepas que no soy enemigo personal tuyo; ni tampoco el Presidente lo es. Yo nada tengo contra ti, yo soy simplemente un funcionario que desempeña el cargo de Ministro de Gobernación. Ustedes están aquí presos porque fueron sancionados por los tribunales, y mi misión es simplemente en este caso velar por el desenvolvimiento de las prisiones, cumpliendo siempre los deseos del Presidente".

Luego añade: "Batista es un hombre muy ecuánime, yo en veinte años nunca lo he visto hacerle una grosería a nadie, ni siquiera levantarle la voz; yo reconozco que no soy así y la gente dice que soy un poco brusco".

Interrumpe el Comandante y dice: "Siempre que veo al Presidente me pregunta por los presos políticos y me dice: 'Comandante, trátelos caballerosamente, porque ellos son caballeros'".

Yo escuchaba todo eso en silencio y entonces dije: "Por mi parte nunca he considerado la lucha como una contienda personal, sino el combate contra el sistema político imperante". Y acto seguido añadí: "He sido incalificablemente agredido en unas declaraciones suyas que pretenden poner en duda mi integridad moral. Si un familiar allegado mío lo es a su vez de altos funcionarios del régimen, y esos funcionarios, ajeno por completo a mi voluntad y conocimiento, hacen figurar a esa persona en la nómina de un Ministerio, usted no debió utilizar jamás esa circunstancia para atacar mi hogar y querer poner en tela de juicio mi nombre. Yo estoy preso y no puedo defenderme, ni siquiera probar como podría mi inocencia absoluta en este problema, ni exigir responsabilidad a esos funcionarios que valiéndose de su condición de familia han procedido tan incorrectamente contra mí. ¡Todos los millones del tesoro no podrán tentarme! ¿Cómo pues, pretender semejante intriga contra mi honradez? El Ministro me dijo entonces: "Mira, Castro: yo sé que el culpable de eso es Rafaelito que actúa siempre como un chiquillo irresponsable; yo te aseguro por mi honor que no he tenido la intención de agredirte, y que la nota a que te refieres fue alterada y apareció en forma distinta de la que yo hice. En cuanto a tu nombre, ¿qué duda puede haber? No hay en Cuba nadie que tenga su postura más definida que tú. No te impacientes, yo también fui preso político en los años 31 y 32; yo me aposté muchas veces en el Country Club para hacerle un atentado a Machado y a Ortiz.[3] Tú eres un hombre joven, ten calma, todas estas cosas pasan".

"Está bien, Ministro"—le contesté—, yo le acepto a usted esta explicación, a reserva de resolver y dilucidar cumplidamente este problema cuando yo esté en libertad. De todos modos, reconozco que de su parte ha estado muy correcto reparar en parte el agravio comprendiendo que el único momento en que no tiene excusa ni perdón humillar a un hombre es precisamente aquel en que no puede defenderse, mucho menos agredirlo en su familia; el pueblo cubano es muy hidalgo y detesta tales procedimientos con toda su alma".

Volviendo a insistir en que no me impacientara y en que tuviera calma, se despidió y se marchó. Mantuvo en todo momento la más cordial actitud. Duró sólo 15 minutos.

Luis, tú juzgarás lo conveniente que sería la publicación de esta entrevista. Te repito que actúes según lo que estimes más conveniente; yo simplemente pongo en tus manos el material.[4]

Fidel

Notas a Carta X.

1. Gaston Godoy y Marino López Blanco, miembros del gobierno de Batista.

2. Alejo Cossio del Pino, ex-miembro del Congreso por el Partido Auténtico, asesinado cuando Carlos Prío era presidente.

3. Gerardo Machado y Morales, presidente y dictador de Cuba, 1925–1933. Arcenio Ortiz, capitán de policia durante el régimen de Machado, inspiraba miedo en mucha gente.

4. Conte Agüero leyó esta carta en la radio e hizo que se publicara en *Bohemia*.

XI.

Isla de Pinos, agosto 14 de 1954

Querido Luis:

Recibí tu carta. Sobre asuntos privados tengo ya tomada mi determinación, que es la que se impone a mi condición de hombre que por encima de todos sus sentimientos pone su deber para con la patria y el amor a sus ideales. Gracias por tus consejos cuando tanto necesito de ellos.

Paso a tratarte pues del asunto esencial de tu carta: "el movimiento cívico que va siendo imperativo histórico".[1] Coincido plenamente contigo en cuanto a esa necesidad; no puedes imaginarte las largas horas que a meditar sobre ello he dedicado y el sinnúmero de ideas que en torno a la cuestión he ido elaborando basado en la experiencia vivida durante los últimos años.

Creo fundamentalmente que uno de los mayores obstáculos para la integración de semejante movimiento es el exceso de personalismos y ambiciones de grupos y caudillos; la dificultad de hacer que cada hombre de valor y prestigio ponga su persona al servicio de una causa, un vehículo, una ideología y una disciplina, despojándose de toda vanidad o aspiración. Me dices que no descansas "juntando voluntades". La similitud de situaciones me recuerdan los esfuerzos de Martí por juntar a todos los cubanos dignos en la lucha por la Independencia; cada cual tenía su historia, sus glorias, sus proezas, cada cual se creía con más derechos que los demás o por lo menos iguales; sólo la obra de amor, comprensión e infinita paciencia de un hombre, con menos gloria que la que otros tenían pudo lograr el milagro. Y yo estoy seguro que sin aquel magnífico esfuerzo, Cuba sería todavía una colonia española o una dependencia yanqui. Quizás por eso las páginas que más admiro de la Historia de Cuba, no son tanto las proezas de los campos de batalla, como aquella empresa gigantesca, heroica y callada de unir a los cubanos para la lucha.

Yo pienso así y reiteradamente te he mandado a decir que no albergo la menor ambición personal ni tampoco mis compañeros y que todos tenemos por única divisa servir a Cuba y hacer valedero el sacrificio de nuestros compañeros muertos. Cualquier paso en estos instantes, por supuesto por su trascendencia, debe ser discutido y aceptado con criterio mayoritario, que equivale a unánime por parte de todos mis compañeros. La discusión y el cambio de opiniones con ellos se me dificulta mucho pero sin embargo mantenemos comunicación y les enviaré la carta. Albergo duda, sin embargo, Luis, sobre la conveniencia de nuestro aporte ahora, o si sería mucho más amplio y efectivo después de producirse nuestra libertad—que la veo posible si se lucha efectivamente por ella. En primer término, yo debo organizar a los hombres del 26 de julio y unir en irrompible haz a todos los combatientes, los del exilio, la prisión y la calle, que suman más de ochenta jóvenes envueltos en el mismo girón de historia y sacrificio. La importancia de tal núcleo humano pefectamente disciplinado, constituye un valor incalculable a los efectos de la formación de cuadros de lucha para la organización insurreccional o cívica. Desde luego que un gran movimiento cívico-político debe contar con la fuerza necesaria para conquistar el poder, lo mismo por vía pacífica como por vía revolucionaria, o corre de lo contrario el riesgo de que se lo arrebaten, como a la Ortodoxia, a sólo dos meses de las elecciones.

La tarea de unir a todos nuestros combatientes debe ser previa, puesto que sería muy lamentable, que la falta de una labor primaria de persuasión produjese considerables desprendimientos en nuestras filas. Por la experiencia adquirida en la etapa anterior al 26 de julio puedo asegurarte que un joven probado y de confianza vale por mil y que la tarea quizás más ardua y de tiempo es encontrarlos de calidad y prepararlos para que su presencia inicial sea de impulso decisivo. Partiendo de lo que tenemos actualmente podemos multiplicar extraordinariamente nuestras fuerzas que quieren decir fuerzas dispuestas a unirse sólida y disciplinadamente a las demás fuerzas similares con las cuales formar el caudal necesario para batir el sistema político imperante. Quienes por si solos se crean con los méritos necesarios estarán contribuyendo a una mayor atomización de las fuerzas morales y humanas de la nación y a perpetuar hábitos de lucha mezquinos e impotentes, indignos ya de un pueblo inteligente y capaz, con los cuales es imposible aplastar las fuerzas negativas y los intereses creados sólidamente unidos.

Condiciones que son indispensables para la integración de un verdadero movimiento cívico: ideología, disciplina y jefatura. Las tres son esenciales, pero la jefatura es básica. No sé si fue Napoleón quien dijo que un mal general en batalla vale más que veinte generales buenos. No puede organizarse un movimiento donde todo el mundo se crea con derecho a emitir declaraciones públicas sin consultar con nadie; ni puede esperarse nada de aquél que se integre por hombres anárquicos que a la primera discrepancia toman el sendero que estiman más conveniente, desgarrando y destruyendo el vehículo. El aparato de propaganda y organización debe ser tal y tan poderoso que destruya implacablemente al que trate de crear tendencias, camarillas, cismas o alzarse contra el movimiento.

Las realidades de la política deben tomarse en consideración, es decir, tener bien puestos los pies sobre la tierra, pero sin sacrificar nunca la gran realidad de los principios.

El programa debe abarcar, amplia, concreta y valientemente los graves problemas económicos-sociales que confronta el país, de modo que se pueda llevar a las masas un mensaje verdaderamente nuevo y prometedor. Sé que ni el mismo Dios pudo crear en un solo día todas las maravillas del mundo, pero desde el primer instante deben sentarse las bases que conduzcan a aquellos resultados. Sobre todo por una razón, Luis, nuestras energías no deben invertirse inútilmente, improvisando y amalgamando en vez de crear y fundar, cosa que todo no se venga abajo en la primera crisis, como ocurrió con la Ortodoxia.

Me he extendido en todas estas consideraciones generales, para que conozcas mi pensamiento y los pasos previos—en lo que a nosotros se refiere—que considero necesario dar. Haré lo posible para lograr una visita tuya esta semana próxima. De todos modos, por la inmensa fe que tenemos en tu capacidad, en tu civismo, en tu lealtad, y en tus probadas cualidades de combatiente, es casi innecesario decirte que para toda empresa de lucha digna y grande, donde tú figures como orientador y garantía de sus impecables fines revolucionarios y patrióticos, con nosotros se puede contar en primera línea.

Un fuerte abrazo de tu hermano,

Fidel

Notas a Carta XI.

1. Se refiere a la carta en que Castro se informó de los esfruerzos de Conte Agüero para generar un movimiento popular para aminstía para presos políticos, conectándolo con el movimiento en contra de Batista.

XII.

Isla de Pinos, octubre 25 de 1954

Querida hermana:

Hombre de palabra, cumplo mi promesa de escribir hoy, y lo estoy haciendo aunque tengo un sueño tremendo. Anoche me quedé hasta la 1 y 30 A.M. oyendo por Cadena Oriental el último mitin político de la campaña en Oriente. Quizás también tú lo escuchaste o te la habrán contado. Estudié detenidamente la multitud desde el punto de vista psicológico, y la reacción que se produjo allí es un fenómeno que no tiene precedentes. ¡Qué lección tan formidable para la alta jerarquía allí reunida! ¡Qué leales son los hombres de nuestra provincia! Oí a Pedro Emilio;[1] no lo hizo mal; considero que tiene algunas posibilidades de éxito. Desde aquí no puedo hacerme una idea segura; todo depende de una serie de imponderable. Aunque esta vez hemos tenido que esperar tres semanas para la próxima visita estamos entretenidos observando los ajetreos de la política. Se aprende mucho más y se adquiere mayor experiencia observando los acontecimientos a distancia. ¡Qué suerte ver a los toros desde la barrera! ¿Te acuerdas cuando yo estaba también en la campaña electoral? Pues bien: es mejor dormir siestas aquí en Isla de Pinos.

Recalqué esta mañana en el telegrama la cuestión de los libros; no vaya a parecer que te apuro mucho; no será siempre fácil para el que está en la calle comprender el ánimo del preso; las semanas son largas y sólo un libro ameno nos las hace cortas. Aunque tengo en realidad bastantes libros aquí, no siempre contienen el tema que ocupa el mayor interés de uno en un momento dado.

Recibimos las cosas que nos dejaste en la última visita. Todavía nos quedan tres plátanos. La madre de Chucho[2] nos mandó hace dos o tres días una latica con carne de puerco frita y chicharrones.

Se me olvidaba decir que también recibí tu última carta. Me pides que te diga los víveres que nos interesan. Respuesta: cualquier cosa. Nosotros raras veces nos antojamos de algo. Por otro lado, todo lo que aquí viene es consumido con mucho gusto; nada se pierde. Como volveré a escribirte antes de la visita, si algo se me ocurre, te lo digo.

No dejes de enviar unas líneas de vez en cuando.

Saludos a tu mamá, a Emmita, Mima[3], y tú recibe un abrazo de tu hermano,

Fidel

P.D. Raúl me dice que escribira mañana.

Notas a Carta XII.

1. Pedro Emilio Castro Argota, medio hermano mayor de Castro, en esta época candidato para el Congreso que retiró su candidatura antes de la elección. Murió en Cuba en 2001.

2. Chucho, Jesús Montané Oropesa, llegó a ser una figura muy importante en Cuba bajo Castro.

3. Mamá, María Luisa Argota, la primera esposa del padre de Fidel, madre de Lidia y Pedro Emilio. Emmita, Emma Castro Ruz, la hermana menor de Fidel. Mima, la niñera de la familia. Emma Castro Ruz vive en México pero mantiene relaciones con sus hermanos.

XIII.

Isla de Pinos, noviembre 29 de 1954

Querida hermana:

Hace dos o tres días recibí tu carta, como supongo habrás recibido igualmente las tres anteriores mías.

Varias cosas de las que te interesaba saber ya te las comuniqué en las otras.

Mucho me alegra lo que me dices sobre el divorcio: sobre todo que se hará cumpliendo estrictamente mis instrucciones. Sobre el niño mantengo invariable mi punto de vista, y la primera providencia que se presente al juzgado inmediatamente después de la demanda debe ser exigiendo su regreso a Cuba para ponerlo en un colegio conforme había pensado. Tan hondo abismo me separa de esa gente que me resisto siquiera a pensar que mi hijo pueda dormir una noche bajo los mismos techos que alberguen a mis más despreciables enemigos y recibir en sus mejillas inocentes los besos de esos Judas miserables. He resistido todos los agravios con la misma firmeza con que sabré exigir la reparación de los mismos; he sufrido la ausencia injustificable e imperdonable de mi hijo con la misma fortaleza con que habré de rescatarlo a cualquier precio. ¡Ellos lo saben; al menos, debieran saberlo! No presumo que ignoren que para quitarme ese niño tendrá que matarme, y ni aún así.

Pierdo la cabeza cuando me pongo a pensar en estas cosas.
Te espero el sábado. Recibe un abrazo de tu hermano

Fidel

P.D. Perdona la rapidez con que te hago estas líneas apoyado en
una tabla.

XIV.

Isla de Pinos, diciembre 8 de 1954

Querida hermana:

En el día de ayer estuvieron aquí Pelayo y José Manuel.[1] Realmente el tiempo concedido fue muy breve (media hora). Todo el cual, casi, lo ocupé yo exponiendo, razonando, y justificando mis puntos de vista. Como proposición final, o más bien, en respuesta a la otra parte dije que yo accedería al *mutuo disenso* si ellos previamente traían al niño y lo ingresaban en el colegio que yo dispusiese, bajo mi custodia; de lo contrario la demanda sería presentada sin más dilación.

Tanto Pelayo como José Manuel muy afectuosos conmigo. Ellos me dicen que al contestar, la otra parte, la demanda podría basarse en el hecho de que me encuentro sancionado por un tribunal de justicia, con posibilidades de tener éxito. Yo les contesté que en ese caso, lejos de preocuparme, me honraba que un tribunal fallase contra mí alegando como razón los dignísimos motivos que me han traído a la prisión; tal cosa reafirmaría mis principios y mi incansable propósito de luchar hasta la muerte para vivir en una República más decorosa. Ellos por su parte se verían obligados a perpetrar una infamia y una deshonra más. A Pelayo le dije bien claramente que no me importaba perder legalmente el pleito con tal de ganarlo moralmente. Permanezco pues intransigente. Lo suficientemente caballero para evitar un litigio amargo si me devuelven al hijo secuestrado; decidido a llevar esta lucha hasta donde sea necesario si pretenden el sueño iluso de que yo les permita educar ese niño para que aprenda únicamente a vivir de parásito, sin patria, sin honor y sin principios.

Ellos por su parte están ya a la defensiva hace rato. Creían que iban a aprovecharse mansamente de la situación y han comenzado a ver su ensarta de estupideces. En el marco de las alturas creyeron que todas las iniquidades eran posibles; ahora están acobardándose. ¡Qué sobre sus conciencias carguen todas las responsabilidades de sus conductas, del comportamiento inhumano y vil que en todos los órdenes han evidenciado!

Ellos han sido los provocadores de todo esto. ¡La vida les enseñará! No quiero desahogar mi pecho. Yo estaré algún día en libertad. Hijo y honra me tendrán que devolver aunque la tierra se hunda.

Te escribo de prisa sobre una tabla, perdona la letra y la presentación. Recibe un fuerte abrazo de tu hermano,

Fidel

P.D. No dejes de escribir de vez en cuando, para eso tienes a Emmita de Secretaria. Recuerdos a Mima, Azpiazo, Alejandro, Angelita P. y demás.

Notas a Carta XIV.
1. Pelayo Cuervo Navarro, un abogado de prestigio y una figura pública, asesinado por la policía de Batista en 1957. José Manuel Gutiérrez, abogado.

XV.

Isla de Pinos, diciembre 16 de 1954

Señor Guitart,[1]

Se me hace difícil comenzar ésta, llamarlo a usted de algún modo, encontrar la palabra que exprese al mismo tiempo mi gratitud, mi emoción, mi profundo reconocimiento por esa carta suya tan sentida, tan amable y tan llena de paternal y cariñoso afecto. Me llama usted, "queridísimo Fidel". ¿Cómo llamarlo yo a usted? ¡Pocas veces en mi vida me he sentido tan honrado como al recibir esas líneas suyas, ni tan estimulado a ser bueno, ser digno, y ser leal hasta el último instante de mi existencia.

Ese abrazo largo de que usted me habla y que yo le daré algún día de todo corazón, ¡cómo lo hubiera deseado en otras circunstancias!: sin la cruel ausencia física de Renato, sin la hiel amarga de la adversidad en que todo se vuelve contra uno y no lo sostiene más que la convicción y la fe. Puesto que en tales circunstancias es usted quien a mí se acerca para abrirme amplia y generosamente las puertas de su afecto, queda para usted en este caso toda la bondad y nobleza de tal gesto en que reconozco al padre digno de aquel hijo que fue digno de usted.

Mas, no le hablaré de él cual si estuviera ausente, que no lo ha estado ni lo estará ya nunca. No son meras palabras de consuelo. Sólo quienes lo sentimos real y perennemente en las entrañas de nuestras almas podemos comprenderlo. La vida física es efímera, pasa inexorablemente, como han pasado las de tantas y tantas generaciones de hombres, como pasará en breve la de cada uno de nosotros. Esa verdad debiera enseñar a todos los seres humanos que por encima de ella están los valores inmortales del espíritu. ¿Qué sentido tiene aquélla sin éstos? ¿Qué es entonces vivir? ¡Cómo podrán morir los que por comprenderlo así la sacrifican generosamente al bien y la justicia! Dios es la idea suprema del bien y la justicia. A Dios tienen que ir los que por una y otra causa caen sobre la tierra de la patria.

Admiro el valor, la resignación y la grandeza con que han afrontado usted y una parte tan enorme de sacrificio a los ideales de su hijo; porque él se dio a sí mismo y usted lo dio a él; su valor ante el dolor es tan heroico y generoso como el de él ante la inmolación. El se sentirá orgulloso de usted, como usted tiene tan sobradas razones para poder estar eternamente orgulloso de él. Un deseo formulo para Cuba desde lo íntimo de mi alma: que tenga siempre hombres como usted y como él.

Nunca le daré motivos para arrepentirse de esas líneas hermosas que me envió, que las agradezco infinitamente y que guardaré siempre. Ojalá que en nuestro afecto y sobre todo en nuestra conducta encuentre usted un alivio a su pena. Como usted, su esposa. Yo sé que ella es una madre espartana; como usted, llena de resignación, de bondad y de fe. "El hijo que se va de la tierra en el alma de la madre queda."[2] Hágale llevar nuestro devoto y fervoroso cariño. También a su hija que en nosotros tiene muchos hermanos.

Las palabras están demás cuando los sentimientos quieren hablar; es preciso adivinar lo que uno siente y no puede expresar, aunque pudiera. Usted comprenderá los míos, como adivino y comprendo yo los suyos. Renato está y estará perennemente presente entre nosotros, y estará cada día más en el corazón de todos los cubanos; él, todo ideal, todo valor, toda dignidad, todo carácter, todo inolvidable ejemplo, era de los que sabían que nunca mueren los que caen por lo que él cayó.

Suyo,

Fidel

Notas a Carta XV.
1. René Guitart, padre de Renato Guitart, que murió en el ataque al Cuartel de Moncada.
2. Frase de un poema de José Martí.

XVI.

Isla de Pinos, febrero 17 de 1955

Queridísimo amigo Mañach:

Tenía ideado enviarle con usted una carta al señor Goar Mestre[1] haciéndole una sugerencia que tal vez, por las razones que podrían exponerse, las tomara en consideración. Pensaba además que en manos, la carta, de tan ilustre portador se obviaban en parte los inconvenientes de que la escribiese un ciudadano confinado en esta Isla que ni siquiera tiene el honor de ser amigo del destinatario. Sinceramente, apenado y termiendo que fuese un atrevimiento mío, a última hora cambié de parecer y opté por hacerle a usted la sugerencia para que en todo caso si le parece acertada la traslade a él. Es en fin de cuentas lo mismo y a usted yo puedo escribirle con entera confianza.

El asunto está relacionado con el programa "Ante la Prensa." Ayer escuché por radio que habían invitado al señor Díaz Balart, líder de las juventudes gubernamentales. Me llamó mucho la atención el hecho porque siempre había observado que a ese programa no se invitaba nunca a personas jóvenes. No es necesario decirle que me alegré de esa especie de innovación aun cuando en este caso se tratase de un gubernamental y adversario mío.

Pensé que se establecía un magnífico precedente y que con toda seguridad en próxima comparecencia CMQ Televisión siguiendo su invariable norma de imparcialidad y equilibrio invitaría a ese evento otra voz que expresase el sentir de la juventud oposicionista que hoy constituye sin lugar a dudas la inmensa mayoría de nuestra generación. Fue entonces que se me ocurrió sugerir una persona joven que a mi entender llena los requisitos más exigentes que podrían establecerse para comparecer a ese programa que usted preside de tan enorme jerarquía pública y responsabilidad acreditada. De tal modo los llena esa persona que de lo contrario no me atrevería a sugerirla. Me refiero a Luis Conte Agüero. A usted no tengo que hablarle nada de él, porque con toda seguridad lo estima tanto como yo y tanto quizás como él y yo a usted.

Si efectivamente, como imagino, CMQ Televisión se decide a invitar un joven oposicionista, Luis Conte Agüero no tiene rival a la hora de hacer una selección. La divisa de la empresa es abrir la tribuna "a toda opinión responsable"; es decir que exige antes todo responsabilidad y por ende capacidad y prestigio. Luis acaba de sostener una polémica notoria con una de las más encumbradas figuras del régimen[2] y por su estilo elegante, su altura y su responsabilidad ha recibido unánimes elogios de todos los sectores de la prensa.

Se puede alegar a su favor que es sin lugar a dudas el líder joven de más prestigio y capacidad intelectual de la última promoción republicana. Mantiene un programa diario de radio y de televisión; es invitado obligado en todas las efemérides patrióticas por numerosas instituciones cívicas y sociales de prestigio; graduado en Filosofía y Letras con magníficas notas y tesis de grado brillantísima; posee para sus años una sólida cultura y actualmente tiene ya en prensa una biografía de Eduardo Chibás que con toda seguridad tendrá mucha aceptación. Pero sobre todo es uno de los jóvenes políticos más limpios con que contamos actualmente y de una indiscutible popularidad. En nada debe pesar el hecho de que no ocupe actualmente cargo electivo porque más bien ello habla en su favor. Al comparecer Luis Conte, representaría un sector enorme de nuestra juventud y si en algo puede pesar en la balanza por poco que sea, cuenta con nuestras simpatías y nuestra gratitud porque él, como usted, ha sido uno de los más esforzados paladines de nuestra libertad. Tengo la seguridad de que el pueblo recibirá con mucho agrado esa invitación. Sería hacer justicia. ¿No cree usted que puedan pesar esos méritos en el ánimo de un hombre tan ponderado como Goar Mestre?

Es imposible que le escriba una línea más hoy. La visita está al llegar y le escribo con gran apuro ya que quiero enviar ésta sin el irritante tamiz de la censura. Le prometo escribir la próxima visita, pues tengo muchas cosas de que hablarle y muchas que agradecerle. Recibí su amabilísima tarjeta. No tome a mal que no le escriba con frecuencia, es que no soporto la inquisición de la censura. Cuente con mi invariable afecto, salude a su esposa y a su hijo y reciba un abrazo de,

Fidel[3]

Notas a Carta XVI.

1. Goar Mestre, dueño y ejecutivo de Radio y Televisión CMQ, se exilió.

2. Se refiere al Dr. Rafael Guas Inclán, vicepresidente de la República, 1954–1958, se exilió.

XVII.

Isla de Pinos, marzo 13 de 1955

Querida hermana:

Ha sido hoy un domingo tranquilo y plácido, aunque la semana haya sido pródiga en detalles y preocupaciones de todas clases. Dejo con algún pesar un libro interesante que estaba leyendo, pese a que son ya las 11 de la noche, para hacerte estas líneas porque me lo había prometido. Mis mejores horas son aquellas en que me olvido de cuanto en el mundo existe y me reconcentro en el esfuerzo de aprender algo nuevo y útil o aunque sea para entender mejor la humanidad.

Aún cuando siempre deseo conversar mucho contigo prefiero esperar los días de visita.

En el caso de hoy me interesa particularmente decirte que el sábado 6 envié un telegrama a unos muchachos que organizaban un radio mitin en la Onda Hispano-Cubana a favor de nuestra libertad. Como quiera que esas comunicaciones son susceptibles de sufrir por el camino alguna modificación te envío copia textual del mismo para que quede como constancia ya que dio la casualidad que el día de dicho acto faltó la corriente en este pabellón toda la mañana y no pude por consiguiente escucharlo. Decía así:

Nuestra profunda gratitud a usted y sus entusiastas compañeros que han hecho suya espontáneamente la causa de nuestra libertad. No es el propósito lo que más apreciamos en este caso ya que la prisión con la frente en alto se puede sufrir, sino el gesto de cívica adhesión con que ustedes nos alientan. Serenos y firmes, sin impaciencia ni miedo, sufrimos nuestro destino de hoy. Mañana, nuestro primer abrazo será para los que en esta hora dura se acordaron de nosotros.

Fraternalmente

Como ves, con toda la delicadeza necesaria como para que no parezca un desaire expuse que no era el propósito, es decir la amnistía, por el cual les expresaba mi gratitud, sino el hecho, el gesto de elevar sus pensamientos hacia a los que aquí algunas veces hemos sido bastante olvidados. Comprendo que son varios aquellos que pudieron merecer palabras semejantes, pero yo también tengo mis gestos, y en este caso, con la espontaneidad que me caracteriza para unos muchachos que semana tras semana han estado hablando de nosotros y a quienes apenas si conozco. ¡No me importa de que grupo o tendencia puedan ser! ¡Estoy cansado de tanta intriga y mezquindad! Por lo demás no pido ni pediré jamás amnistía. Tengo suficiente dignidad para pasarme aquí veinte años o morirme antes de rabia. Ahora bien, permítaseme por lo menos ser cortés y hasta de vez en cuando mandar a freir tuza a medio mundo y al diablo a los gritones que andan siempre buscando un pretexto para reventarle a uno la paciencia.

Tráeme a Fidelito. Recibe un abrazo de,

Fidel

Como por suerte se me acabó el papel cuando estaba cogiendo impulso, te añado este adjunto para recordarte (aunque no es necesario) que me traigas el regalo de Fidelito caso que logres venir con él. Si así fuera creo que esa gente van a tener que leer cuatro verdades mías. ¡Qué no me busquen pleito porque no estoy de muy buen humor!

En cuanto a la copia del telegrama que te envío es textual sin añadir ni quitar punto o coma. No pienso enviar ni uno más.

Vuelvo al punto de Fidelito. Esta vez va para el Colegio de cabeza.

Ayer le hice una carta telegráfica a Pelayo, contestación de una entrega especial suya informándome de dificultades surgidas por culpa de ellos al rechazar una de las condiciones ya aceptadas con anterioridad, lo cual motivó cambio radical de mi actitud, en lo que Pelayo estará conforme seguramente pues estaba muy disgustado con lo que le hicieron. Le dije que exigiera el ingreso del niño en el colegio desde el 1ro. de abril, que era humillante e intolerable permitirle que viviera con ellos. De lo contrario que presentara en seguida demanda haciendo uso de las pruebas en su poder. Tan pronto obtenga respuesta, de accederse a mi planteamiento, le escribiré a José Manuel para que realice la gestión que le encomendaré, cuando su visita a ésta con el objeto de poder sufragar los gastos pertinentes. En este caso podríamos enviarlo al colegio de que me hablaste en la última visita. Esta vez no quiero que por no tenerlo todo dispuesto mi posición se vaya a debilitar. Yo no sé como te encontrarás tú en vista de las nuevas dificultades, pero yo por mi parte te digo que estoy dispuesto a hacer lo que sea necesario y me importa un bledo que el pleito se lleve hasta el fin del mundo. Si creen que me van a acabar la paciencia y que a base de eso voy a ceder, se van a encontrar con que estoy revestido de calma asiática y dispuesto reeditar la famosa guerra de los cien años ¡y a ganarla!

A estas cosas de índole privada se suman las observaciones

que hago del panorama público y no será pues difícil imaginarte que de esta prisión salgo hecho el hombre de hierro.

Es esta la carta mía más desordenada que he escrito en mi vida. Te advierto que no contiene tachadura alguna salvo que se las hicieran por el camino lo cual no espero.

Tráeme algunas toronjas para refrescarme. ¡Hasta el viernes!

Fidel

XVIII.

Isla de Pinos, marzo 18 de 1955

Mi queridísimo Guitart:

Tengo con usted una pena enorme. Primero me pasé muchos días esperando la visita de Luisa, la madre de Pedrito.[1] Pude pasarle un recado a éste para que verbalmente la hiciera llegar a usted con ella. Le decía que he recibido todas sus cartas y el retrato de Renatico. Los demás muchachos vieron la foto y también todas las cartas. Igualmente, Pedro me ha enviado las de ustedes a él. Se me cayó la cara de pena cuando ví la última de su esposa donde le expresaba que suponían se había extraviado la foto. Comprendí entonces que mi recado verbal no había llegado a usted. Le explicaba también que no le había escrito de nuevo porque no coincidió que en aquellos días supe a ciencia cierta que aquí sacan copia íntegra de cada una de las cartas que escribo (¡menos de ésta que no tendrán oportunidad). Desde luego que debido a la censura mantengo muy poca correspondencia y exclusivamente personal. Pero sabedor de esa circunstancia, como no sé a donde van a parar esas copias de mis cartas ni para qué las quieren, me pareció más prudente no volver a escribirle, porque de lo que más desconfío es de la torpeza oficial ya que ésta sería capaz de ver con recelo hasta una correspondencia tan estrictamente familiar y humana como la suya y la mía.

Aun cuando usted es de todos querido, considerado y respetado en esa ciudad, ¿por qué creer que no serían capaces de molestarlo al observar una correspondencia frecuente conmigo? Desde luego que es poco probable, pero aún así creí mi deber ser prudente.

Pero para que no les falten a ustedes noticias mías, ni a mí de ustedes, le envío la dirección de mi hermana que cada quince días viene a vernos (Lidia Castro, Calle 23 No. 1352, apto. 33, Vedado). Ya le he hablado mucho de ustedes y sus cariñosas cartas y tiene el propósito de escribirles con regularidad.

Esta por supuesto le llegará a usted por correo, pero sin censura. No estaré tranquilo hasta que presienta que ya está en sus manos (aunque no muy presentable por razones obvias), y con ella el contento de saber que todas sus cartas, incluyendo la última de fecha 15 del presente, y el retrato están aquí cariñosamente en mi poder, y que de todo corazón se les quiere a ustedes.

Ni por un segundo piense que sería yo capaz, por negligencia, de dejar de contestarle una sola carta suya; me consideraría el más ingrato de los hijos con el más cariñoso de los padres.

Los muchachos se emocionaron mucho con sus cartas y el retrato. No le hablan de eso porque se supone aquí que entre ellos y yo no existe la menor comunicación, y cualquier alusión que, por ejemplo, Pedro le hiciera a usted revelaría en la censura que nos comunicamos; pero todos han recibido el aliento de sus cartas.

Por hoy no le escribo más. Le reitero cuanto le dije en mi anterior sobre el cariño entrañable con que siempre recordamos a Renatico, de quien mucho le tendré siempre que referir.

Con el corazón en la mano, siento la seguridad, la fe ciega de que jamás nos apartaremos un átomo del deber y del amor a la causa sagrada que no unió eternamente. No sé si veremos algún día realizados nuestros ideales, pero sí que nosotros seremos fieles hasta el último aliento.

Salude a sus hijos, a su buena y valerosa compañera de quien leí ayer una hermosa carta y reciba usted un fortísimo abrazo de su

Fidel

Notas a Carta XVIII.
1. María Luisa Prieto, madre de Pedro Miret (Pedrito).

XIX.

Isla de Pinos, marzo de 1955

Dr. Luis Conte Agüero.

Mi entrañable amigo:

Estar preso es estar condenado al silencio forzoso; a escuchar y leer cuanto se habla y escribe sin poder opinar, a soportar los ataques de los cobardes que se aprovechan de las circunstancias para combatir a quienes no pueden defenderse y hacen planteamientos que, de no encontrarnos imposibilitados materialmente, merecerían nuestra inmediata réplica.

Todo esto sabemos que hay que sufrirlo con estoicismo, serenidad y valor, como parte del sacrificio y de la amargura que todo ideal exige. Pero hay veces en que es preciso vencer todos los obstáculos porque resulta imposible guardar silencio sin que la dignidad se sienta lastimada. No redacto estas líneas para buscar el aplauso que tantas veces se otorga con exceso al mérito aparente, al gesto teatral y se niega a los que saben cumplir el deber sencilla y naturalmente. Lo hago por rectitud de conciencia, por la consideración, respeto y lealtad que al pueblo debo. Y al dirigirme al pueblo de Cuba para expresar mi opinión (que no debo reservarme por ninguna razón de conveniencia), sobre un problema que a nosotros nos atañe directamente y que ocupa gran parte de la atención pública: la amnistía política, quiero hacerlo a través de tu persona de hermano más que de amigo, y tu cívica *Tribuna Libre*,[1] rogándote la hagas extensiva a otros órganos igualmente dignos, de la prensa radial y escrita.

El interés que una inmensa parte de la ciudadanía ha mostrado en favor de nuestra libertad, nace del sentido innato de la justicia en las masas y de un sentimiento profundamente humano en un pueblo que no es ni puede ser indiferente. Alrededor de ese sentimiento, ya incontenible, se ha levantado una orgía de demagogia, de hipocresía, de oportunismo y mala fe. Saber qué pensamos los presos políticos de todo esto es quizás la pregunta que se han formulado millares de ciudadanos y tal vez no pocos personeros del régimen. Crece el interés si, como en este caso, se trata de los del Moncada, los excluidos de todas las amnistías, el objeto de todos los ensañamientos, el punto clave de todo el problema. No sé si los más odiados o los más temidos . . .

Algunos voceros han dicho ya que "hasta los del Moncada serán incluidos." No se nos puede mencionar sin un "hasta" un "incluidos"[2] o un "excluidos." Dudan, vacilan, saben a ciencia cierta que si hacen un survey, el 99 por ciento del pueblo la pedirá porque al pueblo no se le engaña fácilmente, ni se le pueden ocultar las verdades, pero no están seguros de lo que piensa el uno por ciento vestido de uniforme, temen disgustarlo y temen con razón, porque han estado envenenando interesadamente el alma de los militares contra nosotros, falseando hechos, imponiendo la censura previa durante noventa días y la Ley de Orden Público para que no se supiera nunca lo que allí pasó, ni quienes fueron humanos en el combate y quienes realizaron actos que algún día la historia recordará con espanto.

¡Cuán extraña conducta ha seguido el régimen con nosotros! En público nos llaman asesinos, en privado nos califican de caballeros. En público nos combaten con encono, en privado vienen con su plana mayor, me obsequian un tabaco, me ofrecen un libro, todos muy corteses. Otro día se aparecen tres ministros, risueños, amables, respetuosos. Uno de ellos expresa: "No te preocupes, esto pasa, yo puse muchas bombas y le estuve preparando a Machado un atentado en el Country Club, yo también fui preso político."[3]

Celebra el usurpador una entrevista de prensa en Santiago de Cuba y declara que no existe opinión pública a favor de nosotros. Días después se produce un hecho insólito: el pueblo oriental en masa, en un acto de un partido al que no pertenecemos, la más grande movilización de la campaña según los cronistas, grita incesantemente nuestros nombres y clama por nuestra libertad. Formidable respuesta de un pueblo bizarro y leal que sabe bien la historia del Moncada.

Ahora nos corresponde a nosotros responder también con civismo el emplazamiento moral que el régimen nos hace al declarar que habrá amnistía si los presos y exilados cejan en su actitud, si hay un compromiso tácito o expreso de acatamiento al Gobierno.

Una vez los fariseos le preguntaron a Cristo si debían o no pagar tributo al César. Su respuesta debía hacerlo quedar mal con el César o con el pueblo. Los fariseos de todas las épocas conocen de ese ardid. Así hoy se pretende desmoralizarnos ante el pueblo o encontrar un pretexto para dejarnos en prisión.

No me interesa en absoluto demostrarle al régimen que debe adoptar esa amnistía; ello me tiene sin cuidado alguno; lo que me interesa es demostrar la falsedad de sus planteamientos, la insinceridad de sus palabras, la maniobra ruin y cobarde que se está llevando a cabo con los hombres que están en prisión por combatirlo.

Han dicho que son generosos porque se sienten fuertes, pero son rencorosos porque se sienten débiles. Han dicho que no albergan odios y, sin embargo, lo han ejercido sobre nosotros como no se ejerció jamás contra un grupo de cubanos.

Habrá amnistía cuando haya paz. ¿Con qué moral pueden hacer semejante planteamiento hombres que se han pasado tres años pregonando que dieron un golpe de estado para traer la paz a la República? Entonces no hay paz; luego el golpe de estado no trajo la paz; por tanto el Gobierno reconoce su mentira después de tres años de dictadura; confiesa al fin que falta la paz en Cuba desde el mismo día en que asaltaron el poder.

"La mejor prueba de que no existe dictadura es que no hay presos políticos" dijeron durante muchos meses; hoy que la cárcel y el exilio están repletos, no pueden, pues decir que vivimos en un régimen democrático-constitucional. Sus propias palabras los condenan.

"Para que haya amnistía es necesario que los adversarios del régimen cesen en su actitud." Es decir que se comete un crimen contra el derecho de gentes, se nos convierte en rehenes, se hace con nosotros lo mismo que hacían los nazis en países ocupados. Por eso somos hoy, más que presos políticos, los rehenes de la dictadura.

Para que haya amnistía es preciso un previo compromiso de acatamiento al régimen. Los miserables que sugieren tal cosa suponen que los que llevamos veinte meses desterrados y presos en esta isla hemos perdido la entereza bajo el exceso de rigor que nos han impuesto. Desde sus jugosas y cómodas posiciones oficiales, donde quisieran vivir eternamente, tienen la ruindad de hablar en esos términos hacia quienes, mil veces más honorables que ellos, están enterrados en las galeras del presidio. Quien escribe estas líneas ha sumado dieciséis meses aislado en una celda, pero se siente con energías suficientes para responder con dignidad. Nuestra prisión es injusta; no veo con qué puedan tener la razón los que asaltan los cuarteles para derrocar la legítima Constitución, que se dio el pueblo, y no los que quisieron hacerla respetar; ni que hayan de tener los que arrebataron al pueblo su soberanía y libertad, y no los que lucharon por devolvérselas; ni por qué hayan de tener ellos el derecho a gobernar la República contra su voluntad mientras que nosotros por lealtad a sus principios nos consumimos en las prisiones. Búsquense las vidas de los que mandan y las encontrarán llenas de turbias actuaciones, fraudes y fortunas mal habidas; compáreselas con las de los que murieron en Santiago de Cuba y los que estamos aquí presos, sin mácula ni deshonra. Nuestra libertad personal es un derecho inalienable que nos corresponde como ciudadanos nacidos en una patria que no reconoce amos de ninguna clase; por la fuerza se nos puede privar de esos derechos y todos los demás, pero jamás logrará nadie que aceptemos disfrutarlos mediante un compromiso indigno. A cambio de nuestra libertad no daremos, pues, ni un átomo de nuestro honor.

Quienes tienen que comprometerse a acatar las leyes de la República son ellos, que las violaron ignominiosamente el 10 de marzo; quienes tienen que acatar la soberanía y la voluntad nacional son ellos que las burlaron escandalosamente el 1ro. de noviembre;[4] quienes tienen que propiciar un clina de sosiego y convivencia pacífica en el país, son ellos los que desde hace tres años lo mantienen en la inquietud y la zozobra. Sobre ellos pesa la responsabilidad; sin el 10 de marzo no hubiera sido necesario el combate del 26 de julio y ningún ciudadano estaría sufriendo la prisión política.

Nosotros no somos perturbadores de oficio, ni ciegos partidarios de la violencia si la patria mejor que anhelamos se puede realizar con las armas de la razón y la inteligencia. Ningún pueblo seguiría al grupo de aventureros que pretendiese sumir al país en una contienda civil, allí donde la injusticia no predominase y las vías pacíficas y legales le franqueasen el camino a todos los ciudadanos en la contienda cívica de las ideas. Pensamos como Martí que "es criminal quien promueve en un país la guerra que se le puede evitar; y quien deja de promover la guerra inevitable". Guerra civil que se pueda evitar no nos verá nunca promoverla la nación cubana, como reitero que cuantas veces en Cuba se presenten las circunstancias ignominiosas que siguieron al golpe artero del 10 de marzo será un crimen dejar de promover la rebeldía inevitable.

Si nosotros considerásemos que un cambio de circunstancias y un clima de positivas garantías constitucionales exigiesen un cambio de táctica en la lucha, lo haríamos sólo como acatamiento a los intereses y anhelos de la Nación, pero jamás en virtud de un compromiso, que sería cobarde y vergonzoso, con el Gobierno. Y si ese compromiso se nos exige para concedernos la libertad decimos rotundamente que no.

No, no estamos cansados. Después de veinte meses nos sentimos firmes y enteros como el primer día. No queremos amnistía al precio de la deshonra. No pasaremos bajo las horcas caudinas de opresores innobles. Mil años de cárcel antes que la humillación. Mil años de cárcel antes que el sacrificio del decoro. Lo proclamamos serenamente, sin temor ni odio.

Si lo que hace falta en esta hora son cubanos que se sacrifiquen para salvar el pudor cívico de nuestro pueblo, nosotros nos ofrecemos gustosos. Somos jóvenes y no albergamos ambiciones bastardas. Nada teman, pues, de nosotros los politiqueros, que ya por distintas vías, más o menos disimuladas, se encaminan al carnaval de las aspiraciones personales, olvidados de las grandes injusticias que lastiman a la patria.

Y no ya la amnistía, ni siquiera pediremos que nos mejoren el sistema de prisión por donde el régimen ha demostrado todo su odio y su saña hacia nosotros. "De nuestros enemigos", como dijera una vez Antonio Maceo, "lo único que aceptamos gustosos sería el sangriento patíbulo, que otros compañeros nuestros, más afortunados que nosotros, han sabido ir a él con la frente erguida y la tranquilidad de conciencia del quien se sacrifica por la justa y santa causa de la patria."[5]

Frente a la transigencia bochornosa de hoy, a los setenta y siete años de la protesta heroica, el Titán de Bronce tendrá en nosotros sus hijos espirituales.[6]

Fidel Castro

Notas a Carta XIX.

1. *Tribuna Libre,* un programa de radio y columna en el periódico escrito por Conte Agüero.

2. Se refiere a la respuesta del Primer Ministro, Dr. Andrés Rivero Agüero a un periodista, quien le preguntó si "aun" los hombres de Moncada estaban incluidos en la amnistía. El titular en *Prensa Libre*, el periódico más importante de la Habana fue: "Aun los combatientes de Moncada".

3. Véase Carta X. Se refiere a la visita de Hermida a Castro en la cárcel.

4. 10 de marzo, 1952 fue la fecha del golpe de estado de Batista. El 1 de noviembre 1952 era la fecha de las elecciones generales.

5. Antonio Maceo, héroe de las dos guerras de independencia para Cuba, llamado "El Titán de Bronce", murió en una batalla en 1897.

6. Se refiere al rechazo de Maceo del tratado de la paz de Zanjón entre el gobierno español y los insurgentes cubanos en 1878, concido como "la Protesta de Baraguá".

XX.

Estimada amiga,[1]

Me resulta muy grato hacerte estas líneas, aunque para ti constituya algo de sorpresa. Habiéndole dicho tú a Lidia que en dos ocasiones me habías escrito sin recibir respuesta, me puse a revisar hoy las tarjetas de Navidades, entre las que recordaba perfectamente una tuya. A pesar del desorden de mis papeles tuve la suerte de encontrarla, releer con gusto la sincera y sentida dedicatoria, y la fortuna de que en el sobre estudia tu dirección, que casi ninguna trae, siendo eso uno de los motivos por lo que ni en este año ni en el anterior me animara a contestar ninguna. Pero te aseguro que cada una de ellas la agradecí infinitamente. De ti he sabido además por declaraciones públicas a favor nuestro, obsequios de Navidad y otras muchas atenciones. Te he tenido pues muy presente y cuantas veces he escuchado tu nombre ha sido con un motivo de tierno afecto para quienes lealmente nos recuerdan. Créeme que en nuestros corazones tienen un lugar predilecto las personas que en esta hora nos brinden el aliento de sus simpatías y afectos.

Hubieras debido saber, escuchar con qué términos, con qué palabras me transmiten un gesto tuyo conmovedor por lo que tiene de humano, de hermoso en tales circunstancias y por la dignidad con que fue expresado. Palabras así, más o menos, sin que yo añada nada para embellecerlas, con el mismo acento con que yo las recibí, y no siempre puede decirse lo mismo, por lo que yo en este caso respondo con sincera preferencia, dejándome llevar por las leyes misteriosas del sentimiento.

Tan lindamente redactada está la dedicatoria de tu tarjeta que he puesto la esperanza en el placer de recibir pronto carta tuya, con la sola variante de sustituir el usted por el tú. ¿Se hará esperar mucho?

Puedo añadirte que escribo muy poco y la mayor parte del tiempo la paso leyendo, alternando con las noticias y comentarios del día que como habrás de suponer sigo atentamente.

Hoy seré breve. Escríbeme con la misma confianza cual si yo un poco más cortés y educado, hubiera contestado hace mucho tiempo tus dos cartas manteniendo desde entonces una larga correspondencia. Te reitero el sumo gusto con que la recibiré.

Afectuosamente tuyo,

Fidel

Notas a Carta XX.
1. Carta a María Laborde, admiradora de Castro que apoyó desde temprano a la Revolución. Despues tuvo relaciones y un hijo, Jorge, con Castro.

XXI.

Isla de Pinos, mayo 2 de 1955

Mi querida hermana:

Por puro deber te puse hoy el telegrama explicándote la conveniencia de que se alquilara el pequeño apartamento de que te hablé en la visita. Lo hice con el sentimiento de ver lo ilusionada que estabas con el que habías encontrado por $75.00 y me remordía pensar que mi telegrama fuese a preocuparte más de la cuenta. Acepto no obstante con gusto lo que tú hayas podido resolver definitivamente. Era partidario de lo primero por una serie de razones. Tenía en mente que uno de los dos apartamentos se convirtiese en una especie de bufete donde yo atender todos mis asuntos y dejar el otro exclusivamente para residencia de nosotros cuatro.[1] Del otro modo le invaden a uno la casa constantemente y es imposible toda vida privada. En lo que a mí se refiere no tiene eso ninguna importancia, pero sí la tiene en cuanto a Emmita y tú que necesitan un lugar donde refugiarse, hacer y deshacer, ordenar y desordenar, quitar y poner, como todas las mujeres, sin que nosotros los hombres lo echemos todo a perder. De lo contrario terminarías un día hastiada de la gente y del mundo. Llevo varios años en esta vida y en esta lucha y sé cuántos pequeños tropiezos acarrea convertir la casa en despacho de trabajo. Podría ilustrarte con mil ejemplos. ¡Cuánto lamentaba yo que mi bufete estuviese allá en La

Habana Vieja donde era una verdadera proeza llegar! Cuando me encerraba en él para atender o estudiar cualquier asunto me sentía completamente feliz. Era el lugar apropiado para recibir con buen ánimo a todo el mundo aunque viniesen a darme lata o a traerme causas de infelices que no tenían abogado o los querían botar de su casa, a quienes por supuesto nunca cobré nada. No me sentía de igual ánimo cuando listo para salir de la casa—no a pasear por supuesto alguien llegaba y me entretenía con las cosas más triviales. Casos hubo de personas en extremo susceptibles que se molestaron cuando no pude prestarle toda la atención que esperaban, aunque por fortuna fue muy pocas veces porque soy un verdadero estoico para soportar impertinencias. Comprendo que estas pequeñas cosas no podrán evitarse nunca totalmente pero es forzoso reducirlas al mínimo, y sólo es posible creando hábitos y reglamentándose uno las actividades aunque como en este caso se trate de un temperamento bohemio y poco ordenado por naturaleza. Eso aparte de que no hay nada más agradable que tener un lugar donde uno pueda tirar al suelo cuantas colillas de cigarro estime conveniente sin el temor subconsciente de una ama de casa que lo está vigilando como un centinela para poner el cenicero donde va a caer la ceniza. A su vez aterroriza uno a los demás con la idea de que va a quemar un sofá o una cortina. Son en fin dos cosas incompatibles la paz doméstica y la agitación que en torno de sí lleva un luchador. Separarla hasta donde sea posible es pues una cosa sensata.

En cuanto a comodidades de orden material si no fuera imperativo vivir con un mínimo de decencia material—créeme que yo sería feliz viviendo en un solar y durmiendo en un catre con un cajón para guardar la ropa. Me alimento con un plato de malangas o de papas y lo encuentro tan exquisito siempre como el maná de los israelitas. Puedo vivir opíparamente con cuarenta centavos bien invertidos, a pesar de lo cara que está la vida. No exagero nada, hablo con la mayor franqueza del mundo. Valdré menos cada vez que me vaya acostumbrando a necesitar más cosas para vivir, cuando olvide que es posible estar privado de todo sin sentirse infeliz. Así he aprendido a vivir y eso me hace tanto más temible como apasionado defensor de un ideal que se ha reafirmado y fortalecido en el sacrificio. Podré predicar con el ejemplo que es la mejor elocuencia. Más independiente seré, más útil, cuanto menos me aten las exigencias de la vida material.

¿Por qué hacer sacrificios para comprarme guayabera, pantalón y demás cosas? De aquí voy a salir con mi traje gris de lana, desgastado por el uso, aunque estemos en pleno verano. ¿No devolví acaso el otro traje que yo no pedí ni necesité nunca? No vayas a pensar que soy un excéntrico o que me haya vuelto tal, es que el hábito hace al monje, y yo soy pobre, no tengo nada, no he robado nunca un centavo, no le he mendigado a nadie, mi carrera la he entregado a una causa. ¿Por qué tengo que estar obligado a ponerme guayaberas de hilo como si fuera rico, o fuera un funcionario o fuera un malversador? Si nada gano en estos instantes, lo que tenga me lo tendrán que dar, y yo no puedo, ni debo, ni aceptaré ser el menor gravamen de nadie. Mi mayor lucha ha sido desde que estoy aquí insistir y no cansarme nunca de insistir que no necesito absolutamente nada libros sólo he necesitado y los libros los tengo considerados como bienes espirituales. No puedo pues dejar de preocuparme con todos los gastos que se están haciendo en ocasión de nuestra salida, y aún aquellos que son estrictamente necesarios me tienen muy preocupado porque todavía no se me ha ocurrido preguntarte cómo te la estás arreglando. No estoy disgustado, pero sí apesadumbrado por todo ésto. Ustedes no pueden estar tranquilas si no demuestran de algún modo la preocupación y el cariño hacia nosotros, pero nosotros estamos fuertes como robles, insensibles ante las privaciones, menos necesitados de que ustedes se sacrifiquen, que ustedes de que hagamos un sincero reproche. ¿Qué necesidad tenemos de que a cada instante se patentice el cariño del que no nos hacen falta pruebas? No con palabras más o menos. Son realidades de las que hay que percatarse. Mucho me conmueve el afán de brindarnos el mayor número de pequeñas alegrías. ¡Pero si eso se logra tan cumplidamente sin sacrificios materiales! ¿Quieres un ejemplo? El deseo de que mis libros estén arreglados y en orden para cuando yo llegue, me conforta, me alegra y me hace más feliz que todas las demás cosas, y no me entristece ni me apena, ni me apesadumbra. Yo no puedo tener debilidades , si las tuviera hoy, por pequeñas que fuesen, mañana no podría esperarse nada de mí.

Y yo que hablo de libros y como pronto van a estar en esa quiero añadir algunos detalles para mi bibliotecaria.

Hay algunos libros que están algo maltratados; son los que han pasado por el mayor número de manos. Por mi parte los he tratado lo mejor posible. Del otro lado había más de cien que estaban con mis compañeros y que me enviaron cuando se nos indicó la recogida. Los dos tomos de la colección de Martí, son de la que yo poseía. Los cuatro tomos nuevos de la otra colección están aquí en mi poder. También tengo la "Guía Política", "Instantáneas Psicológicas", "Autobiografía" de Ramón y Cajal y seis o siete más de Ingenieros, Anatole France y otros autores. Eché de menos algunos que se quedaron del otro lado como "Las estrellas miran hacia abajo", de Cronin; "El Filo de la Navaja", "Problemas Psicológicos Actuales" y uno de los tomos de Sherwood; de todos me acordaba pefectamente y noté su ausencia tan pronto pasé una rápida revista, pero es justo confesar que yo también embarqué algunos que no eran míos de los cuales pienso hacerme propietario tan pronto transcurran los tres años que marca la Ley; mientras trataré de recuperar los míos para que no prescriban. Alcalde tiene mis dos tomos de la

"Historia de las doctrinas políticas" y yo tengo suyo (y embarcado) un libro sobre la moneda. Se me ocurre que adivinando mis intenciones se quedó con aquellos en prenda, pero me propongo rescatarlos tan pronto lo agarre por La Habana.

Los libros fueron en las cajas más o menos clasificados: los de historia, los de economía, de literatura, cuestiones sociales y políticas, etc. ¡Qué pobrecita es mi biblioteca! Pero de veras que le tengo un gran cariño, y el día que yo cobre algunos pesos me propongo pagar algunos que todavía debo. Pienso si ahora cuando salga, los cobradores, que por cierto son muy asiduos, se acordarán de mí. ¡Cuántas historias les hice, cuántas promesas de pago! . . . Al enfrentarme de nuevo con todos los pequeños problemas cotidianos tal vez eche de menos a la tranquilidad de la prisión. Nunca está uno conforme de nuingún lado, pero aquí al menos no lo molestan a uno los cobradores. Quizás, Balzac, tan acosado siempre por esta clase de personajes, se hubiera sentido muy bien en tales circunstancias. ¡Ojalá no se cumpla mi premonición de que en la calle añoraré algo la cárcel! He hablado ya bastante. Un abrazo,

Fidel[2]

Notas a Carta XXI.

1. Se refiere a Fidel, Lidia, Emma, y Raúl Castro.

2. Batista proclamó la amnistía el 15 de abril 1955. Andrés Rivero Agüero y Arturo Hernández Tellaheche introdujeron la legislación en el Senado y Juan Amador Rodríguez la introdujo en la Cámara de los Representantes. El voto fue unánime en los dos Cámaras. Fidel y Raúl Casto partieron de la Isla de Pinos 15 de mayo, 1955.

Epílogo

por Luis Conte Agüero

No soy culpable pero sí responsable. Los pecadores se arrepienten; los equivocados se explican. Aunque no pido perdón, no puedo ocultar cuánto me duele haber contribuido a que tomaran el poder en Cuba quienes nunca debieron alcanzarlo.

En el Prólogo de las *Cartas del Presidio* original, (el cual puede ser leido en www.nationbooks.org) volqué apasionado reconocimiento a quien yo creía que era un buen revolucionario deseoso de una Cuba mejor.

Aclaro. Antes de 1959 mi patria palpitaba del progreso y La Habana colmaba las aspiraciones de sus visitantes. Sus vibrantes ciudadanos asombraban: fábricas, rascacielos, estadios, bibliotecas, museos, restaurantes y hoteles de lujo, grandes salones iluminados, fuentes en cascada, productos de primera calidad, transporte moderno, avenidas anchas, túneles, comercios vastos, tiendas elegantes, y construcciones continuas.

Aún hoy, asombra lo mucho que la "Revolución" no ha podido destruir. Se miente o se oculta la verdad dando nombres nuevos a obras construidas antes de la revolución: Hotel Nacional, La Habana Libre (lo que antes era el Hilton). Todos fueron construidos antes de la Revolución. Lo que llaman Plaza de la Revolución fue Plaza Cívica.

Aunque muchos edificios sobrevivieron, nuestra vida

politica sufrió un golpe mortal. La esperada higienización ideológica y moral devino envenenamiento sistemático del alma de Cuba, subversión en latinoamérica y demonización de los Estados Unidos.

¿Cómo se puede explicar esa tragedia nacional? El amor popular, libremente dado a Castro, debió hacerlo sereno y tierno. Habiendo recibido libremente tanto apoyo y crédito, no se concibe su conducta perversa. La bondad de los demás debe promover lo mismo en uno. El amor del pueblo debe inspirar amor por el pueblo.

Sin embargo, odió el amor que recibió y le respondió con divisiones y el marxismo sin Dios. Esto después de jurar que él no era comunista, y de decir que yo "inventaba fantasmas" y forzándome así a exiliarme, como a otros muchos.

Y él, quien me dijo en sus cartas ser un discípulo de Eduardo Chibás—no mentir e izar las banderas del desinterés y la humildad, decretó que la mentira fuera verdad y ley. En vez de elecciones libres y abiertas, reclamó el poder permanente.

Pero magnificaba lo pequeño en los hombres y las leyes para reducir lo grande y subvertir y ultrajar los valores eternos de libertad, democracia, y decencia.

Y helo ahí, prohibiendo a trabajadores y campesinos y profesionales y partidos políticos el derecho a organizarse libremente. Y helo ahí dividiendo una provincia en cinco, partiendo seis provincias en 14, multiplicando los municipios para restarles tamaño, cancelando las efemérides históricas, reinventando fiestas nacionales, prohibiendo las Navidades, imponiendo una constitución sin mecanismos que garanticen los derechos humanos, incitando a las masas a negar el derecho de los ciudadanos a elegir y ser elegidos, y eligiéndose él sin elecciones libres, década tras década.

Y fusilando a tantos que no pueden contarse o recordarse,

encarcelando a decenas de miles, exiliando a cientos de miles y movilizando turbas que repriman a los disidentes y saboteen e impidan hasta el acto de pensar.

Su servicio guardacostas hundió, el 13 de marzo de 1994, un remolcador cargado de ciudadanos huyendo, despues fusilando en el cielo avionetas desarmadas.

El autor de las *Cartas del Presidio*, mientras estaba preso, cocinaba pasta, comía bombones, escuchaba radio, coleccionaba publicidad impresa, tenía visitas, y cumplió veintidós meses por asaltar un cuartel militar. Sus prisioneros, sin embargo, no conocen estos lujos.

Y mientras critica el racismo en Estados Unidos encarcela muchos jóvenes negros porque los considera "peligrosos", y hasta fusila a tres porque robaron una barca para huir de Cuba en 2003. Muchas de sus tropas enviadas a Angola en los años 70 eran negros—mandados a matar y ser matados por negros— para así fortalecer su influencia internacional.

Castro se volvió un mendigo internacional, que se apoya en los envíos a la Isla, mantenido por la URSS, y ahora, petróleo Venezolano.

Hasta el lenguaje cubano es ahora distinto; la sumisión pública es obligatoria. En el extranjero alienta demandas injustas y elogia a los fanáticos como los más revolucionarios.

Los mejores agentes para ese propósito cruel son los que no tienen amor ni fe. En consecuencia, se conmina a vivir sin fe y sin Dios.

Hoy juntamos las manos en las intimidades del espíritu para orar por la civilización y la justicia humana y pedir fuerzas para defenderlas. Procuramos que viejos fallos, vacíos, dolores, no se repitan en el porvenir.

¡Que avancemos con la filosofía del fraternalismo y la honradez de la conducta para que un coro de sonrisas redima y transforme la patria!

¡Que no falle la conciencia de nosotros y de nuestra patria!

¡Que restañemos las heridas, limpiemos las lágrimas de los ojos y pongamos en ellos el brillo del triunfo, cañaverales de miel y espíritu, palmares y pinares de riqueza y pureza, sonrisas y confianza!

¡Que abunden y gobiernen manos limpias, laboriosas manos ciudadanas, votantes manos democráticas!

No arrastran estas expresiones un romanticismo pueril; fortalece su pasión saber que el país se desgarra y despedaza, y que se necesita construir un Estado que apoye y ayude a la libertad y sea el orgullo del pueblo cubano.

Me duele que la patria sea una madre abandonada cuyos hijos tengan que consagrarse a "resolver" e "inventar" para sobrevivir, enfrentando un futuro que los priva de esperanza.

Una nación llega a la felicidad caminando en deberes. La verdadera teología de la liberación se funda en deber, optimismo, trabajo, y oración.

Se revitaliza el moribundo idealismo de la virtud plantando el árbol de la libertad perdurable. Y la libertad perdura cuando se consagra alegremente a la justicia.

Dr. Luis Conte Agüero
10 de octubre 2006

Acknowledgments

Ruth Baldwin for her thoughtful editing, Steve Wasserman for making it possible, Salvador Lew, Liliana Segura, Gustavo Rex and Eduardo Santiago for knowing the right word at the right time. And Robertico for all else.

Reconocimientos

A Ruth Baldwin por su redacción concienzuda, a Steve Wasserman por hacerlo posible, a Salvador Lew, Liliana Segura, Gustavo Rex y Eduardo Santiago por encontar las palabras apropiadas en los momentos propicios. Y a Robertico por todo lo demás.